손으로 그려 봐야
우리 땅을 잘 알지

우리 소개를 할게!

구혜경　**정은주**

우리는 이 책을 쓴 구혜경, 정은주 작가란다. 어린이 책을 읽고 기획하다가 서로 알게 되었어.
그런데 얘기를 나눠 보니 둘이 엄청 비슷한 거야. 아이가 둘인 것도 비슷하고, 세상 보는 눈도
비슷하고, 여행을 무척 좋아하는 것까지 같더라고.
심지어 구혜경 작가는 몇 년 전에 아프리카 탄자니아에서 아이들과 잠깐 살다가 왔어.
그때의 이야기가 《아프리카 초원학교》라는 책에 담겨 있지.
정은주 작가는 대학에서 문예창작을 공부하고, 아이들을 가르치며 《기차 타고 부산에서
런던까지》, 《신통방통 수원 화성》, 《Go Go 카카오프렌즈 MAPS》 등을 썼어.
앞으로도 우리 두 사람은 어린이를 위한 책을 쓸 생각이야. 어린 친구들이 진짜 좋아하는 책을
쓰고 싶어. 어린이들이 직접 골라서 스스로 읽는 재미있고 좋은 책 말이야. 열심히 노력할게.

김효진

나는 이 책의 그림을 그린 김효진이라고 해.
한국예술종합학교와 영국 킹스턴 대학교에서 일러스트를 공부했어.
이야기를 쓰고 그리면서 그림책을 만들고 있어. 보림창작그림책공모전과
노마콩쿠르에서 상도 탔지.
우리나라에 대해 더 잘 알고 싶어서 이 책의 그림을 그리기 시작했는데,
생각보다 힘들었어. 우리나라 곳곳의 아름다움을 정감 있게 표현하기가 어렵지 뭐야.
그래도 다 그려 놓고 나니 얼마나 뿌듯한지 몰라. 이 책의 그림을 보고 흥미를 느껴서
우리 땅 곳곳을 가 보고 싶어지면 정말 행복할 것 같아.
지금까지 《특별한 지구인》, 《마음아, 작아지지 마》, 《평화를 꿈꾸는 곳 유엔으로 가자》,
《창의력이 빵! 터지는 즐거운 미술 감상》, 《나랑 화장실 갈 사람?》 등 많은 어린이 책에
그림을 그렸어. 앞으로도 열심히 그려서 좋은 그림책으로 어린이 친구들을 만나러 갈게.

추천 **류재명**

경상남도 합천군에 있는 작은 시골 마을에서 태어났습니다.
서울대학교 지리교육과 교수입니다. 성적을 올리는 일보다 꿈을 키우는 일에
열중하라고 주장하는 '꿈의 교육론자'로 활동하고 있습니다.
쓴 책으로 《종이 한 장의 마법 지도》 등이 있습니다.

손으로 그려 봐야 우리 땅을 잘 알지

그리며 배우는 한국지리

구혜경·정은주 글 | 김효진 그림

작가의 말

지도를 천천히 느끼고 그려 봐!

얘들아, 지도를 잘 들여다 봐.
언뜻 보기에는 알 수 없는 선들과 기호, 몇 가지 색이 전부라고 여길지
모르지만, 그 안에는 산과 강과 마을이 있고 끊임없이 움직이는 바다와
강과 바람과 구름이 숨 쉬고 있어.
자, 눈을 감고 그 소리들을 떠올려 봐.
바람 소리, 강물 소리, 흐르는 구름 소리를.
그 소리들을 들어 본 적이 있다면 지도를 보면서 분명 풍경을
상상할 수 있을 거야.

얘들아, 이 책을 가지고 마음껏 놀아 봐.
우리는 이 책을 쓰면서 책에다 우리나라 땅을 그려 보면 어떨까 하고
생각했어. 누군가 그려 놓은, 무엇인가가 찍어 놓은 지도가 아니라 너희가
손으로 직접 그려 보고 꾸미는 지도가 있었으면 좋겠다고 말이야.
잘 못 그렸다고 생각하면 다시 그리고, 더 칠하고 싶다면 덧 색칠하고,
더 꾸미고 싶으면 스티커를 더 더 붙일 수 있는 이 책을 너희만의
특별한 스케치북으로 만들어 보렴.

이 책에는 할아버지와 함께한 특별한 여행 이야기가 담겨 있단다.
우리나라가 가진 소중한 이야기들을, 희원이와 윤재가 조잘조잘
들려 줄 거야.

학원에서 집으로 가는 길에 너희를 배웅해 주었던 달,
엄마 심부름으로 가게를 갈 때 맞았던 찬 소낙비,
학교에서 집으로 오는 길에 우산을 뒤집은 어이없는 돌개바람을
좋아한다면 너도 분명 여행을 좋아하는 아이일 거야.

여행! 어딘가로 떠나서 놀 수 있다는 것은 정말 근사한 일이지.
이제부터 여행을 떠날 때는 지도를 꼭 준비해 봐.
이 책을 꼼꼼히 봤다면 아마 지도 보는 일이 그렇게 어렵지는
않을 거야.

그럼, 너희에게 늘 멋진 여행이 함께하길 바랄게.

2011년 1월에
뛰고 걷고 헤엄쳐서,
아니 굴러서라도 세상을 돌아다니고 싶은
구혜경과 정은주가.

차례

- 4   작가의 말
- 8   이 책의 사용법
- 9   등장인물 소개
- 10 특별한 방학의 시작

지도와 사귀자
— 엄마랑 지도를 공부해요

- 16 방위, 길을 잃지 않게 해 줘
- 20 축척, 한 장에 볼 수 있게 해 줘
- 26 등고선, 땅의 모양을 알려 줘
- 30 기호, 보기만 해도 뭔지 알려 줘
- 34 지도 안에 숨은 그림을 찾아보자
- 40 지도는 여러 가지 모습이야

지도를 그려 볼까?
— 할아버지랑 우리나라 곳곳을 다녀요

- 48 우리나라는 호랑이를 닮았대
- 58 서울은 붉은 힘을 가졌어
- 70 경기도는 점점 커지지
- 84 강원도에는 자연의 힘이 살아 있어
- 94 충남아, 백제를 보여 줘
- 106 충북은 우리 땅의 배꼽이야
- 116 전북은 전통이 살아 있어
- 126 전남은 반짝이는 섬들이 가득해
- 138 경남에서는 이순신의 고함소리가 들리지
- 150 경북은 독도와 함께 해 뜨는 곳이야
- 168 제주에 혼저 옵서예
- 180 북한도 우리 땅, 친구야

지도야, 더 알고 싶어
— 지도박물관에서 세계지도를 그려요

- 190 옛 지도는 어땠을까?
- 196 기준을 바꾸면 우리가 세계 중심이야

200 여행을 마치면서

부록 1 우리나라 세계 유산에 스티커를 붙여요
부록 2 우리나라 특산물에 스티커를 붙여요
부록 3 우리나라 축제에 스티커를 붙여요

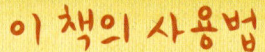
이 책의 사용법

첫째,

희원이와 윤재의 여행 이야기를 재미있게 읽어요. 읽으면서 우리나라 구석구석을 떠올려 보세요.

둘째,

지도를 그리는 페이지가 나오면 연필과 지우개, 색연필을 준비해요. 점선을 따라 지도를 그리고, 색칠하고, 이름을 써요.

셋째,

우리나라 지도 위에 투명한 종이가 있어요. 그 위에 연필로 지도를 따라 그려요. 여러 번 그렸다 지웠다를 반복해도 찢어지지 않아요.

넷째,

지도 위 각 도의 명소에 부록으로 들어 있는 스티커를 붙여요. 위치를 다시 한 번 확인하며 꾹꾹 눌러 붙여요.

다섯째,

책에서 본 우리나라 명소 가운데 직접 가 보고 싶은 곳을 생각해 보세요. 그리고 나중에 꼭 가 보세요.

등장인물 소개

강희원

안녕. 나는 지혜초등학교 5학년 강희원이야. 만나서 반가워.

난 성격이 터프해서 여기저기 돌아다니는 것을 아주 좋아해. 며칠 전에는 혼자 자전거를 타고 종일 우리 동네 구석구석을 돌아다닌 적도 있어.

내 꿈은 여행을 하면서 멋진 사진을 찍는 거야. 너희의 꿈은 뭐니?

강윤재

안녕. 나는 지혜초등학교 3학년 강윤재. 나 역시 만나서 반가워.

누나는 나 보고 '강장군'이라고 하지. 왜냐고? 튼튼하고 씩씩하고 음, 멋지게 생겼으니까. 크크. 사실은 우리나라 장군님들을 다 좋아하거든. 그래서 내 꿈은 우리나라에 꼭 필요한 멋진 장군이 되는 거야. 자, 나를 따르라~.

할아버지

안녕, 얘들아. 나는 희원이와 윤재의 할아버지란다. 40년 동안 기관사 일을 해서 우리나라 땅 구석구석, 안 가 본 곳이 없지. 우리 손자 손녀에게 우리 땅의 소중함을 가르쳐 주기 위해 전국 일주를 하기로 했단다. 이 할아버지가 잘 가르쳐 줄 테니 너희도 같이 가자꾸나.

엄마

안녕. 나는 희원이와 윤재의 엄마야. 직장 일로 늘 바빠서 많은 시간을 함께할 수 없지만 아이들과 친구가 되고 싶어 하는 대한민국 보통 엄마란다. 아이들과 같이 생각하고 같이 놀고 같이 즐거워할 때 얼마나 기분이 좋은지 몰라. 나는 아이들이 "엄마 사랑해"라고 할 때 가장 행복하더라~. 호호호.

특별한 방학의 시작

회사일로 바쁜 엄마가 모처럼 시간을 내어 김치 피자를 만들어 주었어요. 엄마의 간식은 사 먹는 것보다 훨씬 맛있어요. 윤재는 벌써 세 조각째 먹고 있대요.

엄마　희원아, 윤재야. 다음 주 토요일부터 방학이지?
윤재　응. 엄마, 우리는 방학 때 어디 놀러 가? 동민이는 사촌 형하고 중국 간대.
희원　야, 엄마 아빠는 바쁘잖아. 하지만 엄마, 이번 방학에도 저번처럼 학원 가고 공부하고 캠프만 가야 해?

나는 김치 색깔 때문에 입술이 두 배나 커진 윤재를 흘깃 보다가 지난 겨울 방학 내내 심심했던 기억이 떠올랐어요.

엄마　이번 여름 방학에는 특별한 일이 있지. 할아버지께서 시골에서 올라오셔서 너희하고 함께 여행을 하실 거야.
윤재　정말? 나이스 캡숑 울트라 짱! 우리, 할아버지랑 어디 가? 할아버지한테 동민이네처럼 중국 가자고 할까?
엄마　할아버지께서 기관사였던 것 알고 있지? 너희를 데리고 기차를 타면서 전국 일주를 하신대.
희원, 윤재　기차? 와, 신난다.

윤재는 먹던 피자를 툭 내려놓더니 만세를 부르며 두 손을 번쩍 올렸고, 나도 기분이 좋아서 박수를 쳤어요.

엄마   그런데 너희, 지도는 볼 줄 아니?

윤재   엄마, 나 3월에 사회 점수 안 좋았어. 그때 지도를 배웠는데 어려웠거든.

희원   나도 조금은 알 것 같은데 잘은 모르겠어.

엄마   그럼 이렇게 하자. 여행 떠나기 전까지 엄마가 퇴근하면 저녁밥 먹고 같이 지도를 공부하는 거야. 알았지?

지도에 대해 3학년부터 배워 왔지만 아빠랑 차 안에서 지도를 볼 때면 아직도 뭐가 뭔지 잘 모르겠더라고요. 요번 기회에 꼭 지도에 대해 잘 배워야겠다고 생각했어요. 그런데 윤재는 대체 무슨 생각을 하고 있는지 여전히 피자만 우물우물 먹고 있네요.

엄마	자, 오늘은 첫 날이니 지도가 무엇인지부터 배워 볼까? 쉽게 말하자면, 지도는 어떤 곳을 위에서 내려다본 그림이야. 윤재야, 네가 거미가 되어서 우리 집을 위에서 내려다본다고 생각해 봐.
윤재	왜 하필 거미야? 다리가 8개에 으……. 생각만 해도 징그러워.
희원	엄마, 그 거미 내가 할게. 넌 남자 애가 왜 그렇게 겁이 많냐?
엄마	아무튼 누군가에게 우리 집 구조를 설명한다고 해 보자. 현관에 들어가면 왼쪽이 윤재 방이고 오른쪽에 거실이 있고 조금 걸어가면 부엌이 나온다고 말로 설명하면 너무 길고 귀찮지. 대신 이렇게 작은 종이에 간단히 그리면 우리 집 구조를 쉽게 알아볼 수 있어. 이게 바로 지도야.

엄마가 그린 그림을 보니까 정말 지도와 닮은 것 같았어요.
방은 건물이고 방과 방 사이에 있는 공간은 도로처럼 보였어요.

윤재가 그린 '나의 방'

너희도 그려 봐!

위에서 내려다본 나의 방을 그려 보자

지도와 사귀자
-엄마랑 지도를 공부해요

너희는 지도를 보면서 모르는 곳을 찾아본 적 있니?
솔직히 나는 한 번도 없었어. 요즈음은 네비게이션이 안내해 주거나
컴퓨터에 주소를 입력하면 바로 알 수 있으니 복잡한 지도는
잘 안 보게 되는 것 같아. 하지만 지도는 '땅의 그림'이잖아.
지도를 보는 일은 이 땅 위의 모든 것을 조금씩 알아 가는 일이
아닐까? 더욱이 엄마가 더 자세히 가르쳐 준다고 하니까
별로 친하지 않았던 지도랑도 친구하고 싶은 마음이 생기지 뭐야.
어때, 너희도 나랑 윤재랑 지도와 친구가 되어 보지 않을래?

방위,
길을 잃지 않게 해 줘

지도를 볼 땐 가장 먼저 방위를 살펴야 해요.

지도를 보며 목적지를 잘 찾아가려면

지도가 가리키는 방향과 내가 바라보고 있는

방향을 맞춰야 하지요.

다음 날 저녁 엄마와 윤재와 나는 우리 아파트 옥상으로 올라갔어요.
노을이 마을을 온통 빨간색으로 색칠하고 있었어요. 아, 정말 아름답다!

엄마 와, 노을이 정말 멋있다. 그치? 희원아, 노을은 어느 쪽에 생길까?
희원 에이, 엄마 그건 과학 시간에도 배웠어. 해가 지는 서쪽이지.
엄마 그럼, 윤재야. 아침에 해가 많이 비치는 네 방은 무슨 쪽일까?
윤재 동쪽. 해가 뜨니까 당연히 동쪽이지. 엄마, 나도 그 정도는 알아.
엄마 그럼 동쪽이 어느 쪽인지 가리켜 봐.

윤재는 고개를 갸웃거렸어요. 나는 노을이 생긴 반대쪽 방향을 가리켰어요.
엄마는 고개를 끄덕였어요.

엄마 윤재야, 서쪽의 반대는 동쪽이고 북쪽의 반대는 남쪽이야.
두 팔을 벌리고 서 있을 때 오른손이 동쪽이면 왼손은 서쪽이
되고, 머리는 북쪽, 발은 남쪽이 되지. 이걸 4방위라고 해.
윤재의 왼손이 지금 서쪽에 있어. 그럼 머리 쪽에 있는 학교의
방위는 뭘까?

North: 북쪽
South: 남쪽
East: 동쪽
West: 서쪽

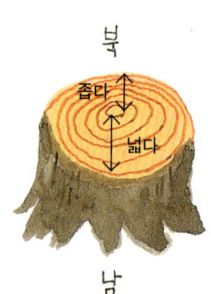

윤재	북쪽!
엄마	그래. 맞았어.
윤재	엄마, 그런데 비가 와서 해가 안 보이면 방향을 어떻게 알아?
엄마	그럴 줄 알고 이걸 준비했지.
희원	와! 나침반이다. 사회 시간에 봤어. 나침반 한쪽 끝의 빨간색은 항상 북쪽을 가리킨다고 배웠어. 봐, 나침반의 빨간 바늘이 북쪽에 있는 학교를 가리키지?
윤재	정말 학교 쪽을 향하네? 신기하다. 조그만 마술 상자 같아.
엄마	이렇게 나침반이 있으면 어디서나 쉽게 방향을 찾을 수 있어. 낯선 곳에 갈 때 지도와 함께 나침반을 가져가면 편리해. 이번엔 나침반 없이 방향을 찾는 문제를 내 볼 테니까 맞춰 봐.
윤재	엄마, 많이 맞추는 사람한테 선물 있어?
희원	너, 또 먹을 거 사 달라고 할 거지?
엄마	자! 첫 번째 문제, 밤하늘에 북극성이 있는 쪽은 어딜까?
윤재	삐— 북쪽.
엄마	그럼 나무에서 가지가 무성하고 나이테 간격이 넓은 쪽은?
희원	삐— 이번엔 나야. 엄마, 남쪽.
윤재	왜 나무의 나이테가 남쪽이 넓어? 말도 안 돼. 그거야 나무 마음대로 아닌가?
희원	나무의 남쪽을 향하고 있는 부분이 북쪽보다 더 많은 햇볕을 받으니까 그래.
윤재	그렇구나. 난 오늘 처음 알았어. 잊어버리지 말아야지.
엄마	이번엔 쉬운 거. 겨울에 눈이 많이 녹는 쪽은?
윤재	삐— 따뜻한 남쪽!
희원	에이, 그건 너무 쉽잖아.

옥상에서 방위를 공부하니까 무척 재미있었어요. 지도 이야기도 머릿속에 쏙쏙 들어왔고요. 윤재는 어느 틈에 옥상 구석에 있던 장대를 들고 이리저리 뛰어다녔어요. 노을이 있던 자리에 어느새 까만 밤이 오더니 노을이 사라진 반대편엔 초승달이 떠 있었어요.

엄마　　희원아, 저기 봐. 초승달 떴다.
희원　　엄마, 달도 해처럼 동쪽에서 떠서 서쪽으로 지지?
엄마　　그럼!

집에 와서 엄마는 4방위표와 8방위표를 보여 줬어요. 방위를 쉽게 나타낼 때는 4방위표를 많이 쓴다고 하면서요. 윤재와 나는 엄마가 그린 방위표 옆에 나란히 따라 그려 보았어요.

윤재　　엄마, 내가 그린 방위표가 누나 것보다 캡 더 잘 그렸지?
희원　　흥!

축척, 한 장에 볼 수 있게 해 줘

실제 거리의 모습을 정확하게 지도로 나타내려면 지도 위에 표시할 모든 것을 똑같은 비율로 줄여야 해요. 그 비율이 바로 축척이랍니다.

오늘은 엄마가 축척에 대해 배울 거라고 했어요. 축척! 4학년 때 배웠지만 아직도 축척이 뭔지 잘 모르겠어요. 숫자가 들어가서 더 어려운 것 같아요.

엄마   오늘 준비물 챙겨 놨지?
윤재   짠, 엄마. 나는 50cm 쇠자야.
희원   야, 그건 자가 아니라 무기야.
엄마   윤재야, 10cm 플라스틱 자가 더 편해. 그래야 지도를 간단히 재 볼 수 있지.
윤재   그런데 엄마, 축척이 뭐야? 말만 들어도 어려운 것 같아.
엄마   위에서 본 땅의 모습을 그 크기 그대로 그린다면 엄청난 양의 종이가 필요할 거야. 그래서 사람들은 땅의 크기를 줄여서 지도에 그리기로 했어. 그런데 길이랑 건물이랑 줄인 비율이 저마다 다르면 지도가 뒤죽박죽 되겠지? 작은 종이에 나타내기 위해 사물과 땅의 모습을 일정하게 줄인 비율이 바로 축척이야. 축척이 있어야 실제 거리의 모습을 그대로 줄여 지도에 표시할 수 있어.

엄마는 연습장에 미리 그려 놓은 그림을 보여 주었어요. 아, 이제는 알 것 같았어요. 25,000cm를 1cm로 줄일 수 있다는 것을요. 나와 윤재는 엄마가 준 연습장에 축척자를 따라 그려 보았어요.

너희도 그려 봐!

엄마가 그린 그대로 그리고 써 보자

희원	엄마, 나는 대축척과 소축척이 뭔지 잘 모르겠어.
윤재	큭큭. 대축척은 대변 같고 소축척은 소변이라고 하는 것 같아.
희원	야, 넌 어떻게 그렇게 연결을 하냐? 엄마, '대(大)'는 크다는 거니까 넓은 지역을 옮긴 지도이고, '소(小)'는 작다는 거니까 작은 지역을 옮긴 지도라는 것 같아.
엄마	저런, 그렇게 생각할 수도 있겠다. 그런데 그 반대란다. 대축척지도는 '축척이 큰 지도'란 뜻이야. 우리 동네 지도처럼 좁은 지역을 자세히 나타낸 것이지. 소축척지도는 '축척이 작은 지도'로, 세계지도처럼 넓은 지역을 간단히 나타낸 거야.
희원	아, 조금 알 것 같아. 엄마, 난 그러면 이렇게 외울래. 대는 '큰 대(大)'니까 지도 안에 있는 것들이 '크게' 보이는 거고, 소는 '작을 소(小)'니까 지도 안에 있는 것들이 '작게' 보인다고 말이야.
윤재	그래, 나도 누나처럼 외우면 편할 것 같아.
엄마	그것도 축척의 종류를 배우는 방법이겠다. 희원이가 잘 이해했는걸!
윤재	엄마, 나는 이렇게 할래. 멀리 운동장에서 축구하는 아이들을 보는 건 소축척이고, 그 아이들 중에서 공을 차는 동민이를 가까이 보는 것은 대축척이고. 맞지?
엄마	그래, 맞아. 조금 더 자세히 살펴볼까? 축척이 실제 땅의 크기를 지도에 축소시켜 놓은 비율이라는 것을 알았지? 다시 말해 지도 위의 거리와 실제 거리 사이의 비율이 축척이야. 예를 들자면 1:25,000은 지도 위의 거리가 1일 때 실제 거리는 25,000이고, 1:100,000은 지도 위의 거리가 1일 때 실제 거리는 100,000이라는 말이거든. 지도 위의 거리가 똑같이 1이라면 실제 거리는 1:100,000 지도가 더 길다는 뜻이야.
희원	그럼 왜 1:25,000이 대축척이야?
엄마	아까 축척이 큰 게 대축척이라고 했지? 분수로 나타낸 축척을 한번 보자. 분자가 똑같이 1일 때는 분모가 작은 쪽이 큰 수야. 1/25,000이 1/100,000보다 더 큰 수니까 대축척. 이제 이해되었니?

> 조금 줄인 1:25,000이 대축척, 많이 줄인 1:100,000이 소축척이야.

작게 보인다. 축척이 작다.

크게 보인다. 축척이 크다.

소축척

대축척

$$\frac{\text{지도상 거리}}{\text{실제 거리}} = \frac{1}{25,000} > \frac{1}{100,000}$$

조금 줄였다. 많이 줄였다.
축척이 크다. 축척이 작다.

지도와 사귀자 **23**

1:1,100,000

1:12,000,000

윤재   어휴, 복잡하기도 하다.

엄마   그렇지만 지도에서 축척은 정말 중요해. 지도에 나타난 면적이 실제로 얼마만큼인지 알게 해 주니까. 실제 거리를 알고 싶으면 지도 위의 거리에다 축척을 곱하면 되지. 축척이 1:25,000인 지도 위에서의 거리가 1cm라면 실제 거리는 1cm×25,000=25,000cm야. 1/25,000로 줄였으니 원래 거리가 되려면 다시 25,000을 곱하는 거지.

25,000cm
= 250m
= 0.25km

100cm = 1m
100,000cm = 1km

윤재가 갑자기 베란다 창문으로 갔어요. 팔을 내밀어 손가락을 집게로
만들더니 입안으로 집어넣는 거예요.

희원　　야, 너 뭐 해? 달밤에 손가락 체조하냐?
윤재　　누나, 나 진짜 달 과자 먹었어. 달을 축척으로 줄여서 입에
　　　　넣었어. 누나도 먹어 봐. 달 과자 진짜 맛있다. 큭큭큭.

이제 달도 먹다니 못 말리는 먹보 윤재. 나는 엄마가 펼쳐 놓은 지도 책을
보았어요. 지도 두 장을 자세히 보니 대축척과 소축척을 이제 알 것
같았어요. 아~ 위쪽이 대축척지도이고 아래쪽이 소축척지도라는 것을요.

등고선, 땅의 모양을 알려 줘

울퉁불퉁한 땅의 모습을 판판한 종이에
그리려면 등고선의 도움을 받아야 해요.
지도 위의 등고선을 내려다보면 실제 땅의
모습을 상상할 수 있어요.

오늘의 준비물은 흰 종이와 연필, 자, 색연필이에요. 윤재는 식탁 위에 펼쳐 놓은 제주도 지도에서 한라산을 가리키며 물었어요.

윤재   엄마, 지도를 자세히 보니까 색깔이 여러 가지야. 파란색은 바다, 초록색은 나무나 풀, 갈색은 산을 말하는 것 같아. 그런데 왜 같은 갈색인데 요기는 흐리고 조기는 진해?

엄마   윤재가 아주 잘 봤어. 실제 우리가 살고 있는 땅은 평평하지 않아. 높은 곳도 있고 낮은 곳도 있지. 그렇지만 보다시피 지도는 평면이야.

윤재   지도가 입체라면 접기 힘들겠다. 지도 하나로 가방이 대빵 뚱뚱해질 거야. 그치, 누나?

희원   맞아. 지도가 평면이라 다행이야.

엄마   평면인 종이에 올록볼록한 바다나 땅, 산의 높고 낮음을 표시하기 위해 높이가 같은 지역을 선으로 연결하고 색칠을 했지. 바다의 수면을 기준으로 같은 높이를 선으로 이은 것을 등고선이라고 해. 등고선은 바깥쪽에서 안쪽으로 들어갈수록 높은 곳을 나타내. 그래서 등고선을 보면 땅의 모양과 높낮이를 알 수 있지. 엄마가 그려 볼게.

엄마는 등고선을 쓱쓱 그렸어요. 색칠도 멋지게 하고요. 역시 엄마가 어릴 때부터 그림을 좋아했다고 한 말이 거짓은 아닌가 봐요. 히히.

엄마   그런데 등고선에는 비밀이 한 가지 더 있어. 봐. 등고선 간격이 좁을수록 산이 가파르고 간격이 넓을수록 산이 완만해.

윤재   어, 정말. 등고선의 간격이 좁고 넓은 것에 따라 산의 모양이 달라지네.

엄마는 우리에게 잠깐 기다리라고 말하고 싱크대에서 쟁반을 가져왔어요. 쟁반 위에는 고구마와 자, 칼, 연필, 작은 이쑤시개 몇 개가 있었어요.

윤재   엄마, 언제 삶았어? 에이, 생고구마잖아. 이건 또 뭐야?

희원   알았다. 엄마, 등고선 만드는 거지. 4학년 때 봤어.

엄마   엄마가 도와줄 테니까 천천히 해 보자. '백문이 불여일견'이니까.

윤재   뭐? 백문이 어떻게 됐다고? 그게 무슨 뜻이야? 엄마.

희원   '백 번 듣는 것보다 한 번 보는 것이 낫다'는 뜻이야. 엄마, 맞지? 윤재야, 한자 공부 좀 해라.

고구마로 등고선을 만들어 보자

산 모양처럼 불룩 솟은 야채라면 감자, 호박도 좋아. 하지만 물이 나오는 야채는 곤란해. 지저분해지거든. 참, 흙이 있다면 털어야 해.

칼을 사용할 때는 조심 조심!

① 야채를 반으로 잘라 줘. 반으로 자른 야채에 높이 1cm 간격으로 선을 그어 줘.

간격을 지키면서 그어 줘~.

② 표시한 선을 따라 야채를 잘라 줘.

손가락을 다치지 않고 잘라 줘~.

③ 다 자른 야채를 다시 원래 모양대로 모아 놓고 가운데에 이쑤시개를 꽂아 줘.

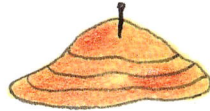

살살 야채가 다치지 않게 꽂아 줘~.

④ 자른 야채 조각을 맨 아래 것부터 차례대로 도화지에 놓고 이쑤시개를 꽂아 중심을 맞춘 다음 야채의 가장자리를 따라 그려 줘.

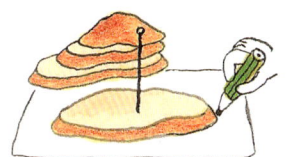

삐뚤삐뚤 않고 정성을 담아 그려 줘~.

⑤ 야채 조각의 가장자리를 다 그렸다면 야채를 치우고 안쪽부터 초록색 → 노란색 → 갈색 → 고동색 순서로 색칠해 봐.

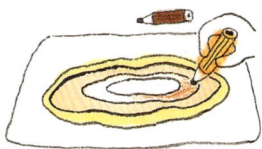

삐져나오지 않게 칠해 줘~. 등고선이 머리에 쏙 들어올 거야.

기호, 보기만 해도 뭔지 알려 줘

기호는 지도 위의 약속이에요. 약속을 잘 지켜야 누가 봐도 지도 속 내용을 똑같이 이해할 수 있어요. 지도의 약속을 잘 기억하면 지도 보는 일이 훨씬 쉬워져요.

엄마는 지도를 보기 위해서는 네 가지 열쇠를 알아야 한다고 했어요.
방위, 축척, 등고선, 그리고 오늘은 마지막으로 기호를 배우는 날이에요.
엄마는 큰 달력 종이를 가져와서 뒷면에 지도의 기호들을 그렸어요.

윤재   엄마, 이게 다 지도 기호야? 수수께끼 암호들 같아. 보물 상자를 나타내는 기호도 있어?

희원   그런 게 어디 있냐? 엄마, 그런데 왜 사람들은 지도의 기호를 만들었어?

엄마   희원아, 만약 지도에 건물을 그린다고 생각해 봐. 그리는 사람 마음대로 그리면 대충 그린 네모를 어떤 사람은 아파트라고 생각하고, 또 어떤 사람은 목욕탕이라고 생각할 수도 있어. 그래서 모두가 똑같이 알아볼 수 있게 원래 모습과 가장 비슷한 모양으로 간단하고 쉽게 기호를 만들기로 약속했지. 윤재야, 이리 와서 여기 빈 칸에다 네가 한번 마음껏 그려 볼래?

엄마는 윤재에게 종이와 연필을 주었어요. 우리 귀여운 동생 윤재가 어떻게 그렸는지 볼래요? 너희도 한번 윤재 옆에 떠오르는 대로 나만의 기호를 그려 봐. 그리고 진짜 기호와 비교해 봐.

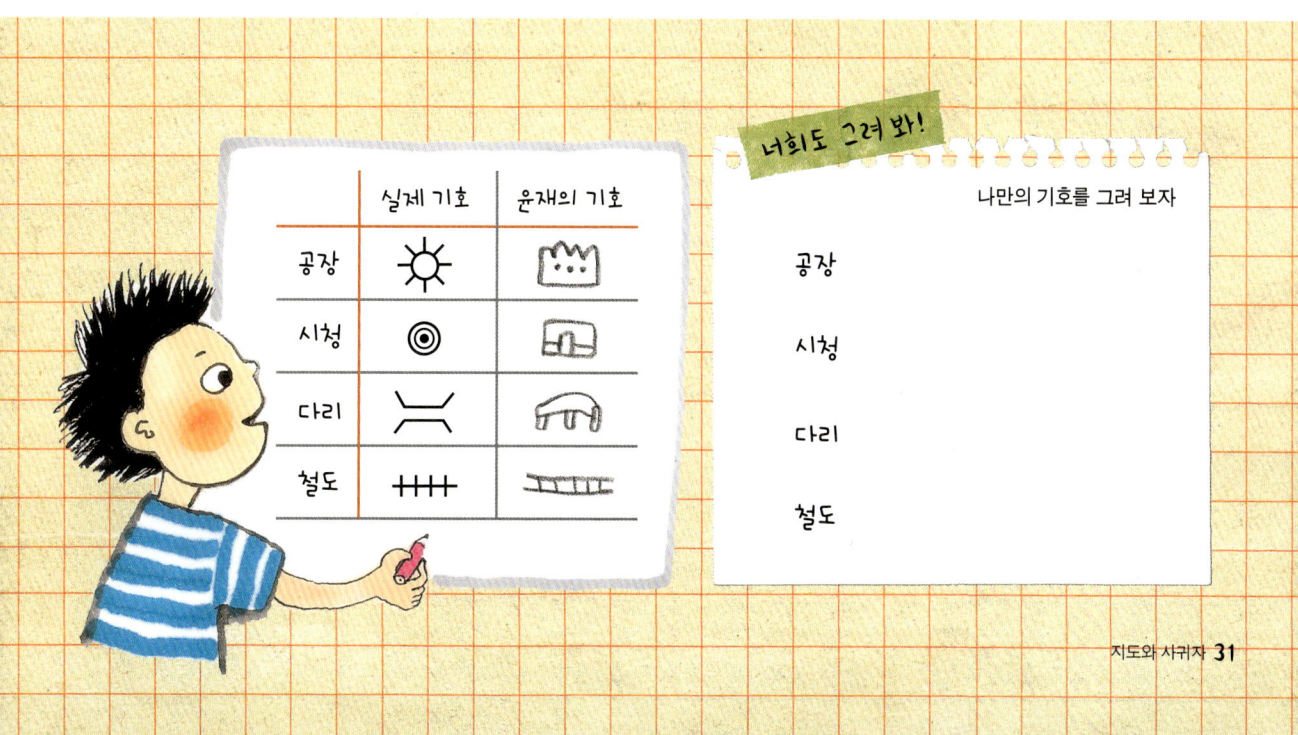

지도의 여러 가지 기호

너희도 그대로 따라 그려 봐!

관청		건물·시설	
▣	특별시·광역시·도청	학교 깃발	학교
◉	시 청	卍	절
◎	군 청	☼	등대
○	동사무소	⊞	병원
교통 시설		⋈	우체국
──	항공로	**땅 모양**	
──	항로	▲	산
══	고속국도	▲ (빨강)	화산
══	지방도	댐 기호	댐
┼┼┼	철도	〰	강
┼┼┼	고속철도	**기타**	
━◆━◆━	특별시·광역시·도계	∴	명승고적
━◇━◇━	시·도 경계	♨	온천
─·─·─	시·군·구계	⚓	항구
땅의 이용		⊓⊔⊓	성곽
논 기호	논	🏛	궁궐
밭 기호	밭	봉수대 기호	봉수대
○○○	과수원	☂	해수욕장

윤재   엄마, 그럼 지도의 기호는 어느 나라나 다 같아?
엄마   딩동~ 좋은 질문이야. 그렇지는 않아. 나라마다 문화가 다르기
       때문에 뜻은 같아도 모양이 다른 경우가 있어. 예를 들면
       우리나라의 등대 기호와 영국의 등대 기호는 다르게 생겼지.

와, 신기했어요. 지도의 기호는 어디에서나 다 같을 거라고 생각했거든요.
나라마다 지도의 기호가 다를 수 있다는 것을 오늘 처음 알았어요. 다른
나라에 가서 지도를 볼 땐 기호를 먼저 확인해야겠어요. 이렇게
기호까지 배우고 나니까 지도와 많이 가까워진 것 같았어요.

지도 안에 숨은 그림을 찾아보자

지도를 보는 일은 숨은그림찾기와 같아요. 숨은 그림을 하나씩 찾아낼 때마다 지도 속 세상이 더 잘 보이지요.

윤재   엄마, 오늘도 지도 배워?

엄마   아니, 오늘은 그동안 배운 내용을 복습하는 날이야. 우리 희원이하고 윤재가 지도라는 친구와 얼마나 친해졌는지 알아봐야지. 시험은 아니니까 걱정 마. 그럼 첫 번째 문제. 이 지도를 봐. 우리 마을의 지도야. 이 지도에서 남동쪽에는 무엇이 있고 서쪽에는 뭐가 있을까?

윤재   엄마, 나! 음— 서쪽에는 기찻길하고 기차역이 있고, 남동쪽에는……

희원   우리 학교하고 목욕탕. 맞지?

윤재   새치기 대장 누나. 또 그 버릇 나오네.

①-ㄷ
②-ㄹ
③-ㄴ
④-ㄱ
38쪽 문제 답

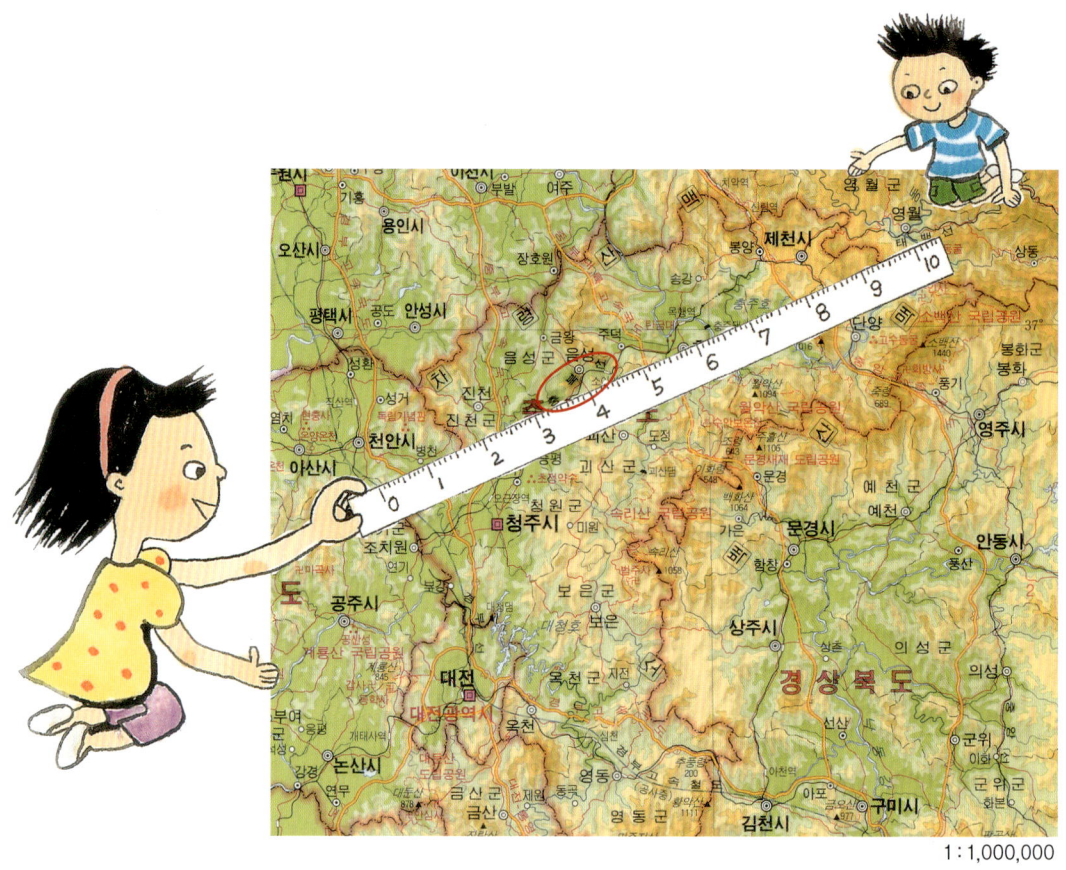

1 : 1,000,000

엄마 두 번째 문제 낼게. 이 지도를 잘 보고 천안과 제천을 찾아서 어떤 교통수단이 지나가는지 말해 봐.

윤재 아, 찾았다. '충북선'. 이건 기차가 지나간다는 거잖아.

엄마 맞았어. 그럼 희원아, 이 지도의 축척은 얼마일까?

희원 지도 아래를 보니까 1cm에 10km라는 말이지.

엄마 두 도시 사이의 거리를 한번 재 볼까?

희원 자로 재니까…… 8.2cm야.

엄마 약 8cm라고 하면 실제 거리가 얼마라는 걸까?

희원 1cm에 10km니까 8cm는 80km라는 거지. 맞아, 엄마?

엄마 와, 희원이 윤재 모두 딩동댕!

지금까지는 지도에서 축척이 가장 어렵다고 생각했어요. 그런데 엄마가 가르쳐 준 방법대로 푸니까 너무 쉬운 거 있죠! 다음에는 꼭 혼자서 풀어야겠다고 다짐했어요.

엄마 희원아, 이 그림은 4학년 사회책에 있는 백지도야. 엄마가 좀 크게 그려 봤어. 누나는 학교에서 해 봤으니까 윤재가 해 볼까?

윤재 뭔데? 그럼 이건 내 문제니까 누나 빼고 나만 상 줘야 해.

엄마 으이구, 알았어. 먼저 8방위표를 그려 봐. 그렸니? 그럼 그 다음에는 제주 섬 가운데에 한라산을 기호로 표시해 봐.

윤재 엄마, 됐지? 아주 쉬운데.

엄마 이번에는 어려우니까 잘 해야 돼. 제주도에서 가까운 바다는 흐린 파란색이고 멀어질수록 진한 파란색이야. 그리고 낮은 땅은 흐린 갈색, 높을수록 진한 갈색이지. 등심선과 등고선을 배워 보는 문제야. 여기 색연필로 한번 칠해 볼래?

등고선
바다의 수면을 기준으로 같은 높이를 선으로 이은 것으로, 땅의 모양과 높낮이를 알 수 있어. 등고선은 바깥쪽에서 안쪽으로 들어갈수록 높은 곳을 나타내.

등심선
바다의 수면을 기준으로 같은 깊이를 이은 선으로 바다의 깊이를 알 수 있어. 진한 파란색일수록 바다가 깊다는 뜻이야.

윤재는 아주 힘차게 색칠을 했어요. 엄마가 그동안 가르쳐 준 걸 잘 공부한 것 같았어요. 참, 너희도 색연필로 꼭 해 봐. 꽤 재미있거든.

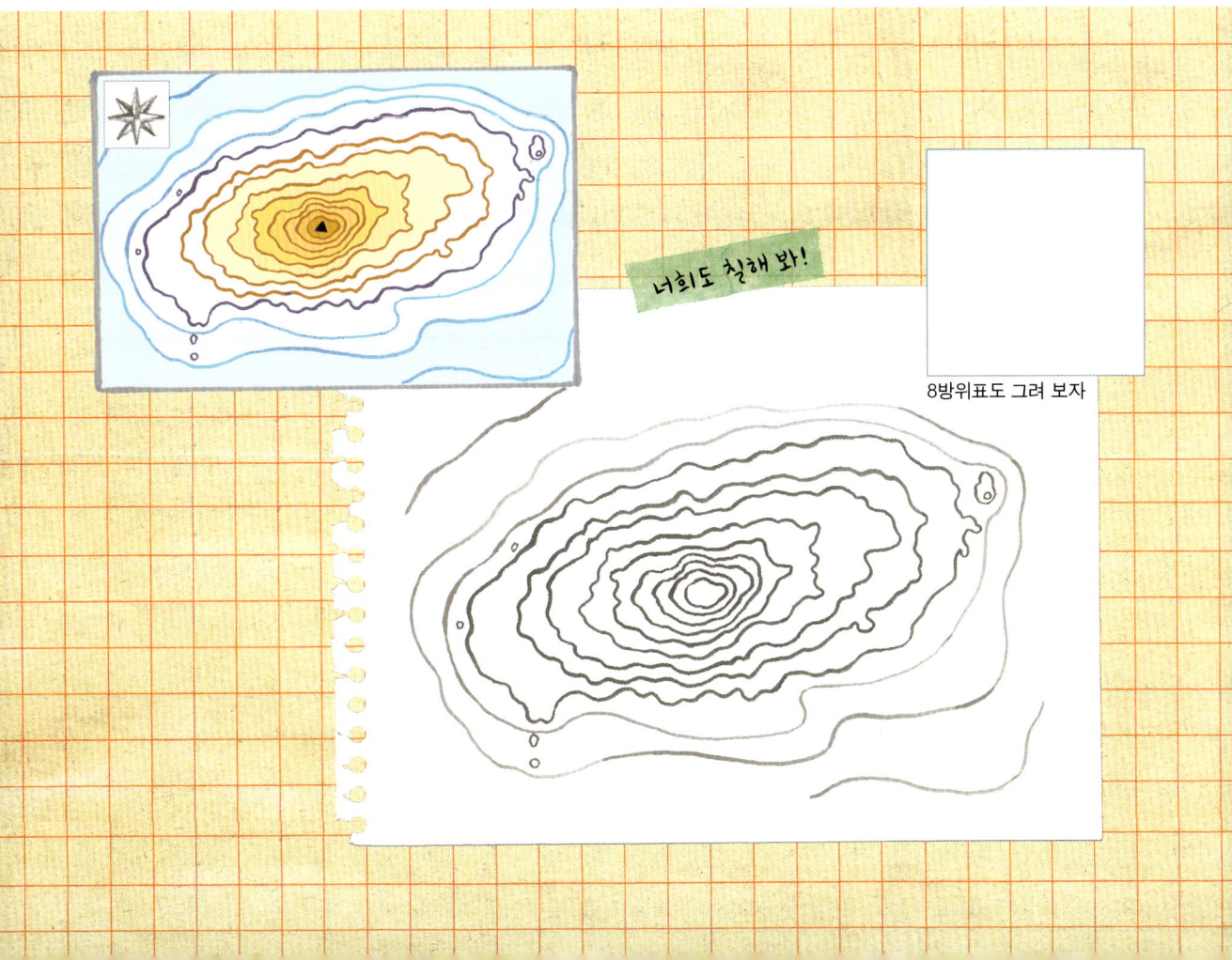

너희도 칠해 봐!

8방위표도 그려 보자

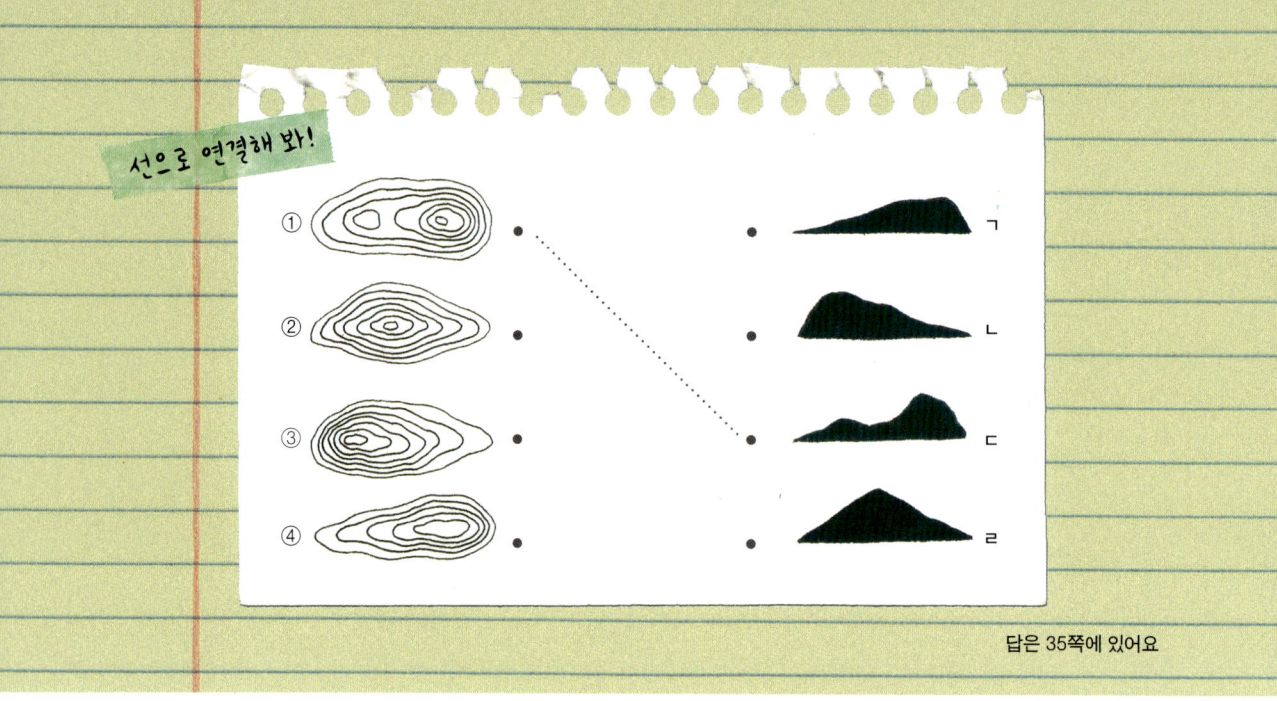

답은 35쪽에 있어요

엄마는 다시 종이에 등고선을 그리기 시작했어요. 이번엔 여러 개의 등고선을 왼편에 주욱 그리고는 오른편에는 여러 산 모양을 그렸어요.

엄마   자, 여기 4개의 등고선과 산이 있어. 각 등고선에 맞는 산 모양을 골라서 선으로 연결하는 문제야. 등고선을 잘 살피면 봉우리의 개수와 산의 경사를 가늠할 수 있어. 그럼 그 산이 어떻게 생겼는지도 파악할 수 있고. 희원이가 한번 해 볼래?

이번엔 조금 어려운 문제였어요. 동심원이 안쪽으로 많이 있는 쪽이 봉우리고, 등고선의 간격이 넓을수록 완만하다는 것을 잘 생각하면서 하나하나 연결했어요.

엄마   이번엔 간단한 지도를 보고 기호를 그려 넣으며 보물을 찾는 놀이야. 여기 격자무늬가 그려진 종이가 있어. 격자무늬 한 칸을 100m라고 생각해 보자. 엄마가 말하는 대로 따라 그려 봐. 알았지? 거기에 보물이 숨겨져 있는데 잘 찾으면 저녁에 그 보물을 상으로 줄게.

희원, 윤재 네~. 어마마마~.

엄마 먼저 종이 왼쪽 위에 4방위표를 그려 봐. 이제부터 보물찾기 시작한다. 집이 보이지? 집에서 서쪽으로 600m 걷고 남쪽으로 200m 걸으면 초등학교가 있어. 학교 기호를 그려 볼래? 다 그렸니? 그 다음에 다시 서쪽으로 400m 갔다가 남쪽으로 400m 가면 목욕탕이 있어. 목욕탕 기호 알지? 그것도 그려 봐. 목욕탕에서 동쪽으로 600m 갔다가 남쪽으로 300m 내려오면 과수원이 있어. 표시했니? 휴~. 이제 보물 찾았다!

윤재 어, 잠깐만. 여기에 무슨 보물이 있어?

엄마 과일이 열리는 과수원이니까 보물이지. 자연이 내려 준 보물. 과일을 먹으면 얼마나 건강해지는데~.

윤재 에이, 난 또 게임 칩이라고……. 괜히 좋다 말았네.

윤재가 입을 삐쭉거렸어요. 엄마는 게임 칩 대신 그동안 지도 공부를 열심히 했으니 이번 토요일에 과수원에 가서 직접 과일을 따 먹자고 했어요.

지도는 여러 가지 모습이야

땅의 모습을 표현하는 방법은 여러 가지예요. 그림지도는 내가 그리고 나타내는 나만의 지도랍니다. 각각의 특징을 살펴서 경우에 맞게 잘 사용하는 것이 중요해요.

저녁마다 지도 공부를 하느라 우리 집은 시끌시끌했어요. 엄마와 지도 공부를 하면서 여행에 대한 기대와 상상이 풍선처럼 부풀어 올랐어요. 오늘은 또 엄마와 어떤 얘기를 나눌지 무척 궁금했어요.

희원   방위, 축척, 등고선, 기호 다 배웠는데……. 이번에는 뭘 배워?

윤재   아, 끝없는 지도의 세계여~. 엄마, 여기에서 더 배우면 머리가 정말 복잡해서 터져 버릴 거야.

엄마   아냐. 오늘은 간단하게 그림지도를 그려 볼 거야. 그림지도는 너희가 직접 그리고 만드는 지도야. 세상에 하나뿐인 너희만의 지도라고 할 수 있지.

희원   나는 3학년 사회 시간에 그려 본 적 있어. 잘 그렸다고 선생님께서 칭찬도 해 주셨어.

윤재   그리는 건 싫지만 색칠은 자신 있어. 누나가 그리고 내가 색칠하면 되겠다.

엄마   그럼 우리 동네 그림지도를 그리려면 가장 먼저 무엇을 해야 할까?

희원   동네가 내려다보이는 산이나 높은 곳에 올라가서 우리 동네를 살펴봐야 해.

지도의 첫 번째 열쇠인 방위를 표시한다.	철도, 하천 등을 포함해 중심 도로를 그린다.

주요 건물을 기호로 표시한다.	색칠하면 완성!
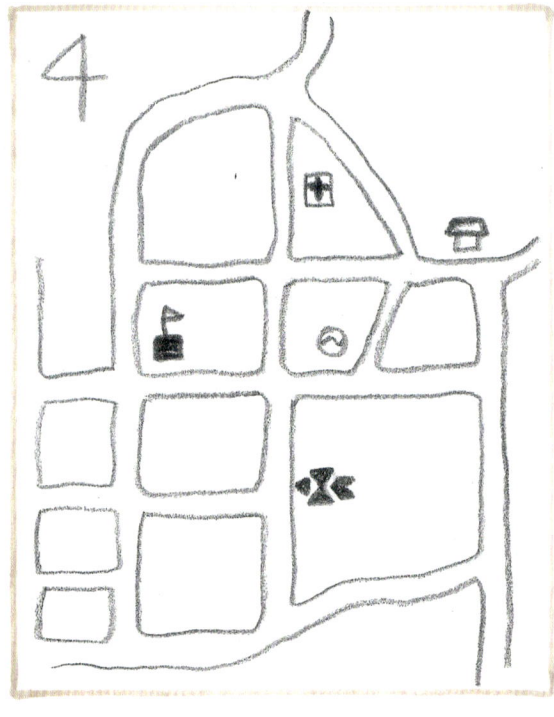	

그림지도 그리는 순서

엄마	맞아. 바로 그거야. 동네 전체를 둘러보면서 무엇을 지도에 옮길지 살피는 거지. 그 다음엔 우리가 배웠던 지도의 열쇠들을 하나씩 불러오면 돼.
윤재	그럼, 방위를 먼저 표시해야 되겠네.
엄마	우와~. 우리 윤재, 지도 공부 정말 열심히 했네. 맞아. 4방위표를 그리자. 방위를 정했으면 마을의 중심 도로를 그려야지. 철도나 하천도 좋아. 집이나 건물들은 도로를 중심으로 있기 때문에 도로를 그리면 대략의 위치가 정해져.
희원	엄마, 그 다음에는 사람들이 많이 이용하는 은행이나 우체국, 동사무소나 경찰서, 도서관, 학교 같은 공공시설을 찾아서 기호로 표시하는 거지?
엄마	맞아. 그런 건물들을 표시하면 다른 곳을 찾는 일이 훨씬 쉬워져.
윤재	내가 다니는 태권도장도 표시하고 싶어. 그래야 진짜 나만의 지도가 되는 거니까. 그런데 태권도장은 어떤 기호로 나타내지?
엄마	윤재가 기호를 만들어 보는 게 어떨까?
윤재	태극무늬로 그릴까? 아니면 왕 주먹을 멋지게 그릴까?
엄마	알아보기 쉬운 태극무늬가 좋겠다. 이번엔 기호에 색깔을 입혀 보자. 산은 초록으로, 강물은 파랑으로, 병원은 빨강으로 말이지. 그러면 지도 이해하기가 좀 더 쉬울 거야.
희원	와, 색깔을 입히니까 훨씬 멋진 그림지도가 됐어. 세상에 하나뿐인 그림지도네. 윤재표 그림지도.
엄마	그래, 윤재표 그림지도지만 다른 지도에서처럼 방위와 기호, 색깔이라는 지도의 친구들을 표시하는 걸 잊지 마.
윤재	엄마, 그런데 그림지도와 일반지도 모두 우리 고장의 모습을 나타내는 거잖아. 뭐가 다르고 뭐가 같아?
엄마	우리가 그린 그림지도와 흔히 보는 일반지도 그리고 하나 더, 사진이 어떻게 다른지 한번 비교해 볼까?
희원	내가 생각하기에 일반지도는 정확한 거리와 위치를 알 수 있지만 그림지도는 자기만의 지도라서 정확하지는 않은 것 같아.
윤재	하지만 나는 그림지도에게 더 마음이 가. 공장에서 파는 장난감

총이 아니라 내가 직접 만든 고무줄 총 같은 느낌이야.

엄마 두 사람 말이 모두 맞아. 그림지도는 직접 그린 거라서 윤재만의 느낌이 살아 있지만 아무래도 정확도는 떨어지겠지? 우리가 배운 것처럼 지도는 약속으로 이루어져 있어. 여러 사람이 똑같이 정확히 보려면 약속을 잘 지켜서 만든 일반지도가 필요하지. 그럼 일반지도와 사진은 어떻게 다를까?

사진

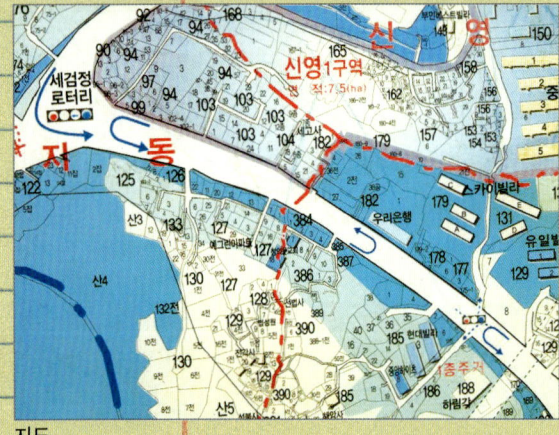
지도

그림지도

	지도	그림지도	사진
기호	정해진 것으로	그리는 사람에 따라	없다.
색깔	정해진 것으로	그리는 사람에 따라	흑백 또는 컬러
모습	일정하게 줄여서 보여 준다.	필요한 것만 간단하게 그려져 있다.	가까운 곳은 잘 보이지만 먼 곳은 작고 희미하다.

희원	사진은 실제 모습과 같지만, 눈에 보이는 것만 찍은 것 같아. 먼 곳은 잘 보이지 않거나 희미하게 보이기도 하고…….
엄마	맞아. 이 세 가지를 나란히 놓고 비교해 보면 어떤 차이가 있는지 알게 될 거야. 드디어 지도에 대해서 다 배웠다! 희원이와 윤재가 지도에 대해 얼마나 알게 되었는지 궁금한데?
희원	이제 지도 한 장이면 모르는 길도 찾아갈 수 있을 것 같아.
윤재	앗싸, 이제 떠나기만 하면 되는 거야? 우와~! 신난다.
엄마	희원아, 윤재야. 배운 것은 잊어버리지 말고, 지도가 있어도 여행할 때에는 꼭 할아버지를 잘 따라다녀야 한다.
윤재	누나, 잘 들어. 혼자 다니다가 미아가 될 수도 있으니까, 이 윤재 꽁무니 잘 따라다니라고. 알았지?
희원	뭐라고? 이 꼬맹이가. 하여튼 전국을 향해 출발!!

엄마와 지도 공부를 열심히 한 것도 뿌듯했지만 며칠 뒤면 전국 일주를 한다는 생각에 마음이 둥실둥실 떠다니는 것 같았어요. 그날 밤 잠들기 전에 주문을 말했어요. 지루한 여름방학이 아닌, 진짜 진짜 신나는 여름방학이여, 오라!

이제 지도 보는 일이 어렵지 않지? 잘했어, 얘들아.

지도를 그려 볼까?
-할아버지랑 우리나라 곳곳을 다녀요

오늘은 신나는 방학식.
어젯밤에는 할아버지하고 윤재와 기차를 타고 전국 일주를 한다는
생각에 잠을 이룰 수가 없었어요. 할아버지는 우리한테 어디를
구경시켜 주실까? 엄마하고 했던 지도 공부가 정말 많은 도움이 될까?
집으로 가는 길에 단짝 승지가 불렀지만 할아버지께서 벌써 오셔서 가방을
싸고 계시지는 않을까 하는 생각에 뒤도 돌아보지 않고 집으로 달렸어요.
할아버지다! 집에 도착하자마자 곧장 달려가서 할아버지 목을 안았어요.
할아버지한테서는 풀냄새가 났어요. 식탁에 호박잎이랑 고추랑
잔뜩 쌓여 있었는데 아마 그 냄새인가 봐요.
이제부터 우리는 할아버지하고 전국 일주를 할 거랍니다.

우리나라는 호랑이를 닮았대

우리나라는 아시아 대륙의 북동쪽에 있는
반도와 4000여 개가 넘는 섬들로 구성되어
있어요. 우리나라는 국토의 75%가 산지라
지평선을 쉽게 볼 수 없지만 대신 맑고
풍부한 물이 서쪽과 남쪽으로 흘러 만든
강과 넓은 평야가 많아요.

호랑이를 닮아서 우리나라 사람들이 힘찬가 봐요.

근역강산맹호기상도

어흥!

저녁을 먹고 난 뒤 할아버지께서 나와 윤재를 거실로 부르셨어요. 할아버지께서 어떤 말씀을 들려 주실지 궁금했지요. 할아버지께서는 그림을 하나 꺼내 보여 주셨어요.

할아버지 희원아, 윤재야. 이제부터 북한을 빼고 우리나라 각 도를 다 다녀 볼 생각이다. 여행을 떠나기 전에 너희에게 우리나라 땅에 대해 해 줄 얘기가 있지. 먼저 이 그림을 보자꾸나. 넓은 땅으로 나아가려는 호랑이의 우렁찬 울음소리가 들리는 것 같지 않니?

희원 정말! 호랑이가 발을 뻗으려는 모양이에요.

윤재 그런데요, 할아버지. 저는 우리나라 땅 모양이 토끼를 닮았다는 얘기도 들었어요.

할아버지 그건 일제 강점기에 일본이, 우리나라 땅이 토끼처럼 생겨서 나약하니까 자기 나라의 지배를 받을 수밖에 없다고 꾸며 낸 말이란다. 우리나라는 북쪽이 중국, 러시아와 닿아 있고 나머지 방향은 바다와 닿아 있어. 삼면이 바다와 닿아 있는 땅을 반도라고 하는데 우리 민족이 한민족이니까 우리 땅도 '한반도'라고 부른단다. 한반도는 역사적으로 대륙과 해양의 다리 역할을 해 왔지. 아시아 대륙 동쪽에 있는 반도 국가인 우리나라는

> 한 나라의 영역은 그 나라의 주권이 미치는 범위를 말하는데 영토·영해·영공으로 이루어지지. 영토는 땅을 말하고, 영해는 바닷물이 가장 많이 빠졌을 때의 해안선으로부터 12해리까지의 거리를 말해. 영공은 국제 관례에 따라 영토와 영해 위쪽으로 약 29km까지의 하늘을 말한단다.

여름은 덥고 겨울이 추운 대륙성 기후와, 계절에 따라 바람의 방향과 비의 양이 뚜렷한 계절풍 기후가 모두 나타난단다.

희원 할아버지, 전 우리나라 땅에 휴전선을 그어야 한다는 것이 싫었어요. 휴전선은 왜 생긴 거예요?

할아버지 흔히 '6.25'라고 하는 한국전쟁에 대해서 들어 봤니? 1945년 8월 15일 우리나라는 일제 치하에서 벗어나 광복을 맞이했단다. 그런데 기뻐하고 있을 틈도 없이 북쪽에는 소련을 중심으로, 남쪽에는 미국을 중심으로 우리나라를 지배하려는 사람들이 생겨났지. 그러다가 북쪽에서 1950년 6월 25일 전쟁을 일으켰고 결국 우리나라 사람들은 둘로 나뉘어서 같은 민족끼리 싸워야 했어. 그 전쟁으로 지금의 휴전선이 만들어지게 된 거란다. 휴전선은 동쪽의 강원도 고성 근처에서 시작해서 서쪽의 경기도 파주에 있는 판문점까지 남서쪽으로 250km 가량 길게 뻗어 있지. 그런데 너희, 우리나라의 행정구역이 모두 몇 개인지 알고 있니? 행정구역은 나라의 땅을 여러 개의 덩이로 나눈 것을 말한단다.

윤재 남한은 1개의 특별시, 6개의 광역시, 9개의 도로 이루어져 있어요.

희원 북한은 1개의 특별시, 1개의 직할시, 1개의 특급시, 9개의 도로 이루어져 있고요.

할아버지 요 녀석들, 지도를 보고 세어 봤구나!

윤재 히히. 누나와 제가 눈치 하나는 빠르거든요.

할아버지 하하, 그래. 강원도는 남북한에 걸쳐서 있지. 엄마한테 너희가 지도 공부 열심히 했다고 들었다. 우리나라를 여행하려면 먼저 우리나라 지도와 친해져야겠지. 우리나라 땅의 넓이는 세계에서 159번째이지만 북한과 합친다면 109번째도 될 수 있단다. 이제 우리나라 전도를 한번 그려 볼까? 우리나라 땅에 대한 애정이 새록새록 생기도록 정성스럽게 그리고 색칠해 보렴.

희원 테두리를 따라 그리니까 우리나라 모양이 쉽게 머릿속에 들어오는 것 같아요.

윤재 행정구역이 어떻게 나뉘는지도 살필 수 있어요.

> 우리나라 땅의 총 면적은 약 22.1만km²로 남한이 북한보다 약 9.9만km² 작아. 하지만 간척사업으로 남한의 면적이 조금씩 커지고 있어.

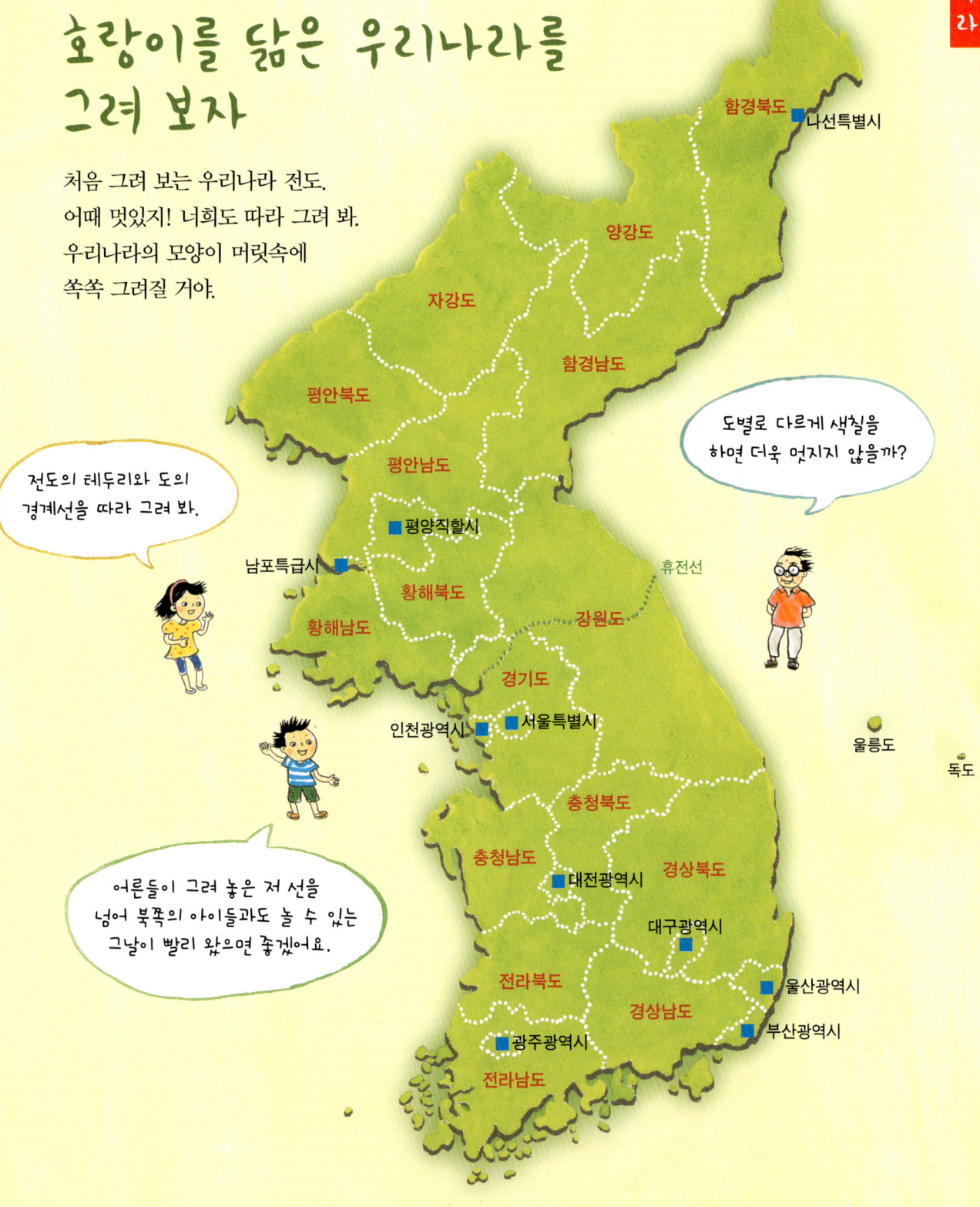

> **백두대간**
> 백두산에서 시작해서 함경도, 강원도를 지나 전라도 지리산까지 한반도 남북으로 뻗은 산줄기를 말해. 옛 사람들은 백두대간을 '우리나라 등마루 산줄기'라 불렀지. 1900년 초 일본 사람들이 우리 민족 문화를 없애기 위해 백두대간을 무시하고 낭림산맥과 태백산맥만을 우리나라 등뼈 산맥으로 정하기도 했어.

할아버지 그렇지. 각 도의 이름을 그냥 외우려면 헷갈리기 쉽지만, 이렇게 손으로 직접 그려 보면 우리나라 어디쯤에 그 도가 위치하는지까지 기억할 수 있단다. 이번에는 백두대간에 대해 알아보자.
백두산에서 시작한 큰 줄기는 금강산, 설악산, 태백산, 지리산으로 이어져 내려오지. 이 산들이 모여 우리나라의 중심 산줄기인 백두대간을 이루게 된 거란다.

윤재 야, 정말 멋있다. 호랑이 모양의 지도에 백두산에 백두대간이라, 다 백두산 호랑이를 말하는 거잖아. 어때, 누나. 내 눈이 백두산 호랑이 같지 않아? 봐 봐.

희원 쯧쯧. 백두산 호랑이가 아니라 백두산 실뱀 같은데.

윤재 뭐야!

할아버지 이번에는 지도 위의 백두대간을 따라 산맥을 한번 그려 볼까?

희원 그런데요 할아버지, 백두대간은 동쪽에 기다란 막대기처럼 서 있어요.

할아버지 그렇지. 우리나라는 산이 많은 동(東)쪽은 높(高)고, 평야가 많은 서(西)쪽은 낮(低)아서 '동고서저(東高西低)' 지형이라 한단다.

윤재 할아버지, 만약 제가 거인이라면 우리나라 동쪽에서 미끄럼틀을 타고 서쪽으로 내려올 수도 있겠어요.

할아버지 하하, 그래. 그럼 백두대간을 먼저 그린 뒤에 동쪽에서 서쪽으로 미끄러지듯 산맥을 그리면 되겠구나. 우리나라의 땅은 아주 오랜 세월 동안 다듬어진 것이라 봄, 여름, 가을, 겨울마다 변하는 산과 강과 들을 보면 정말 아름답단다. 문제 하나 내 볼까? 우리나라 산들 가운데 계절마다 이름이 바뀌는 산이 뭘까?

희원 금강산이요. 할아버지, 저 그거 국어시간에 배웠어요. 봄에는 금강산, 여름에는 봉래산, 가을에는 풍악산, 겨울에는 개골산이요. 휴~ 아직 잊어버리지 않았네.

할아버지 그럼 남한에서 두 번째로 높은 산인데 전라도와 경상도에 다 있는 산은 뭘까?

윤재 지리산이요. 예전에 아빠가 말씀하셨던 게 기억나요.

할아버지 맞다. 아주 멋진 산이지. 이처럼 좋은 우리나라의 산들은 맑고

깨끗한 물을 만들어 냈고 이 물은 오랜 시간 흘러 흘러 기름진 들판을 지나게 되었지. 물과 들이 있으니 농사짓기에 좋았겠지? 당연히 사람들은 이런 곳에 모여 살기 시작했고, 이렇게 생겨난 마을이 이어져 지금의 도시가 되었단다. 이번엔 강 문제를 내 볼까? 이 강은 두 물줄기가 양수리라는 곳에서 만나 큰 도시를 지나 강화도를 거쳐 서해로 빠져나가지. 이 강은 뭘까?

희원 할아버지, 그 큰 도시가 서울이에요?

할아버지 그렇지.

윤재 한강이요! 에이, 처음부터 서울이라고 했으면 내가 한 번에 맞췄을 텐데…….

할아버지 이번에는 남한에서 가장 긴 강이 무엇인지 찾아보자.

윤재 아까 말한 한강이요.

희원 아니야. 윤재야, 잘 봐. 낙동강이요.

할아버지 그래 맞다. 낙동강은 강원도에서 나와 경상도를 지나 남해로 흘러가지. 물은 정말 긴 여행을 한단다. 낙동강 아래에는 삼각주가 있는데 아주 비옥한 땅이지. 우리나라의 강줄기도 한번 그려 보자꾸나. 이번에도 동쪽에서 서쪽 방향으로 그리면 된단다.

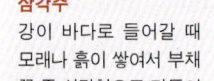

삼각주
강이 바다로 들어갈 때 모래나 흙이 쌓여서 부채꼴 즉 삼각형으로 만들어진 땅이란다. 특히 낙동강 하류에는 강의 상류에서 떠내려 온 흙과 모래에 영양분이 많아 여러 생물들이 살기 좋은 삼각주가 형성되어 있지. 북한에서는 압록강 하구가 삼각주로 유명하단다.

할아버지께서는 지도에 표시된 산, 강, 평야, 도시들을 하나하나 손가락으로 가리키시며 이것저것을 말씀해 주셨어요. 할아버지께서 운전하셨다던 기차가 아마 그곳을 전부 돌아다녔겠지요? 거기에 나와 윤재가 간다니 '이게 꿈이 아닐까' 하는 생각에 윤재의 볼을 세게 꼬집어 보았어요. "누나, 왜 그래?" 하고 윤재가 놀라 소리쳤지요. 음- 꿈은 아닌가 봐요. 히히. 엄마에게 지난달에 산 디지털 카메라를 달라고 해야겠어요. 여행 다니면서 사진을 꼭 찍을 거예요. 기억에 남는 멋있는 장면을 찍어 오래 오래 남기면 기분 좋잖아요. 이제 내일부터 진짜 출발이다!

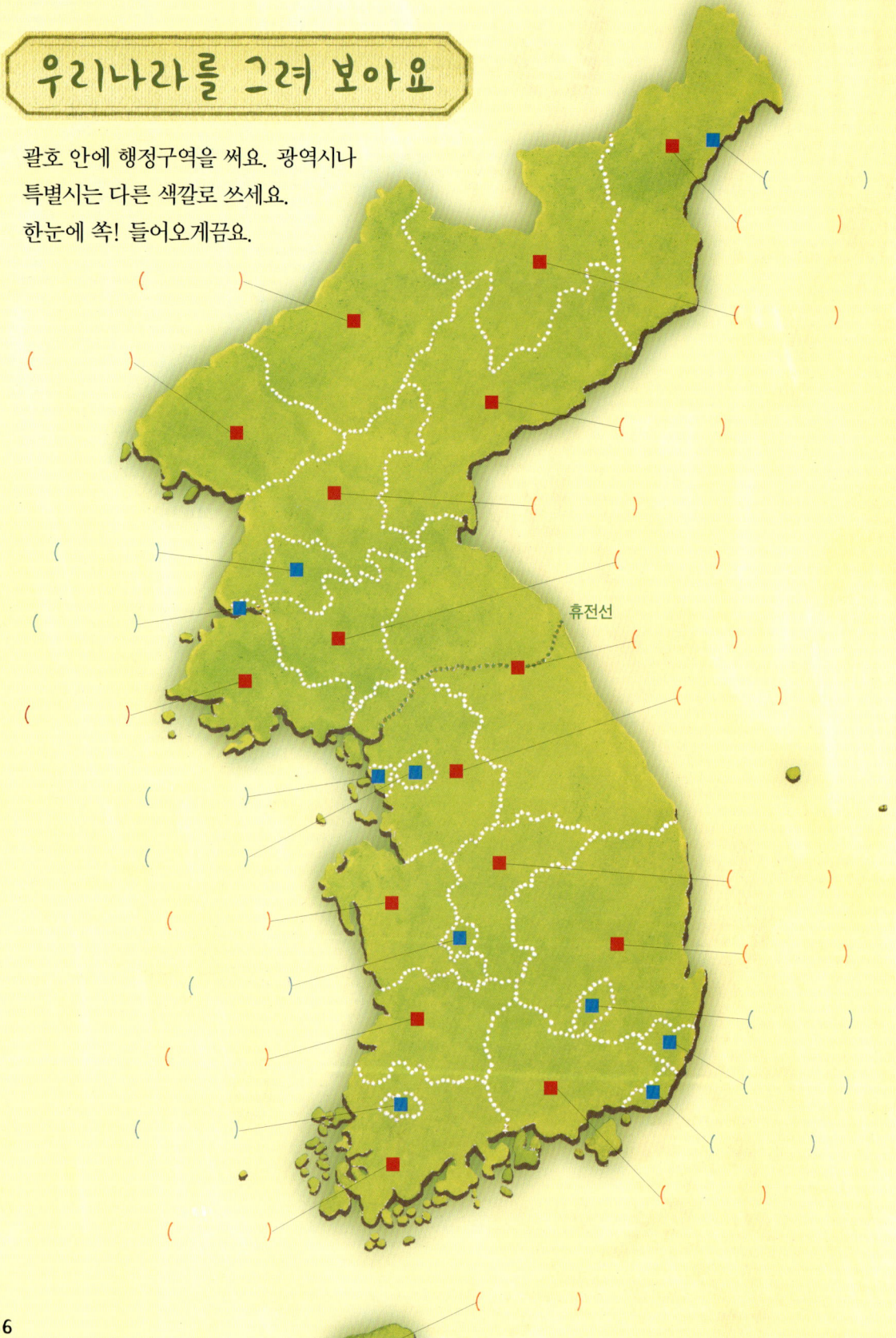

한눈에 보는 우리나라

하늘에 보는 우리나라

서울은 붉은 힘을 가졌어

서울의 옛 이름은 '한양'이에요.
조선 시대 때 이름이지요. 일제강점기에는
'경성부'라는 이름으로 바뀌었다가
1945년 8월 15일 광복과 함께 '서울'로 불리게
되었어요. 서울은 1948년 대한민국 정부가
세워지면서 수도로 정해졌어요.

아침 일찍 나와 윤재가 가방을 챙기고 있는데 할아버지께서 방에서 나오셨어요. 어, 그런데 할아버지한테 짐이 없는 거예요. 전국 일주 안 하나?

윤재　　할아버지, 오늘 여행 가는 거 아니에요?
할아버지　가지. 서울 여행.
희원　　에이— 할아버지, 전국 일주가 아니라 서울 일주였어요? 서울은 너무 시시해요. 산이나 강, 바다를 보러 가는 줄 알았는데…….
할아버지　저런. 서울은 세계에서도 알아주는 도시야. 할아버지는 우리 주변부터 알아가면서 먼 곳도 다녔으면 좋겠는데, 괜찮지?
희원, 윤재　네. 알았어요.

나와 윤재는 모기만 한 소리로 대답했어요. 아침밥을 먹고 우리 셋은 지하철 5호선을 타고 가다 광화문 역에 내려 계단을 올라갔지요.

할아버지　희원아, 지하철을 왜 '시민의 발'이라고 하는지 아니?
윤재　　할아버지, 그건 제가 알아요. 지하철이 시민의 발이 되어 서울의 이곳저곳을 다닐 수 있게 해 주잖아요.
할아버지　맞다. 지하철도 기차니까 우리는 서울을 기차로 여행하는 거야.

우리는 커다란 건물들과 도로 사이에 있는 이순신 장군과 세종대왕 동상을 보았지요. 언젠가 윤재하고 동민이하고 이순신 장군 동상이 칼을 어느 손에 잡았는지, 세종대왕 동상이 어느 쪽 손에 책을 들었는지를 두고 싸웠는데 윤재 말대로 칼은 오른손에, 동민이 말대로 책은 왼손에 있더라고요.

할아버지　이 건물이 세종문화회관이란다. 여러 가지 공연이나 전시 등을 하는 곳이지. 저기 광화문 사거리에 윤재가 가장 존경하는 이순신 장군 동상도 보이는구나. 그리고 저기 왼쪽은 조선 시대 왕들이 살았던 경복궁이지. 너희, 조선의 태조가 이성계라는 건 알고 있지? 고려의 수도였던 개성이 아닌 다른 곳에서 나라를 다스리고 싶었던 이성계는 무학대사라는 스님의 충고로

세종문화회관

한양(지금의 서울)을 수도로 정했지. 그리고 나서 뒤에는 북악산이 있고 앞에는 한강이 흐르는 이곳에 궁궐을 지었는데, 정도전이라는 신하가 '큰 복을 누린다'는 뜻으로 그 궁궐의 이름을 경복궁이라 지었단다.

희원   조선 시대가 배경인 사극을 보면 종묘사직을 보존해야 한다는 말이 자주 나오는데, 그건 뭔가요?

할아버지   종묘는 조선 왕실에서 역대 왕이나 왕비들, 즉 조상의 제사를 지내는 사당을 말하고, 사직은 대부분 농사를 짓고 사는 백성들을 위해 왕이 땅과 곡식의 신에게 제사를 지내는 곳을 말하지. 조선은 유교 사상을 바탕으로 세워진 왕조야. 유교에서는 효를 아주 중요하게 여겼기 때문에 조상님들께 지내는 제사 역시 중요한 행사였단다. 종묘는 여기서 20분 정도 걸어가면 있는데

서울

광화문

세종문화회관

경복궁

요즈음 같은 날에는 나무가 많이 우거져서 땀을 식힐 그늘 또한 많단다. 종묘는 유네스코 세계 문화유산, 종묘제례와 종묘제례악은 유네스코 세계 무형유산으로 등록되어 있지.

윤재   할아버지, 유네스코 세계 문화유산이 뭐예요?

할아버지   유네스코는 교육·과학·문화 부문에서 세계평화를 위해 서로 도우려고 만든 국제기구야. 이곳에서 중요한 세계 유산을 함께 보호하고 지켜 나가자는 뜻으로 정한 것이 유네스코 세계 유산이지. 문화유산, 자연유산, 복합유산으로 나뉘는데, 우리나라에서는 창덕궁, 수원화성, 석굴암, 불국사, 해인사 장경판전, 종묘, 경주 역사유적지구, 그리고 고창·화순·강화의 고인돌과 조선왕릉 40기, 안동 하회마을, 경주 양동마을, 제주 화산섬과 용암 동굴, 남한산성, 백제역사유적지구, 산사·한국의 산지 승원, 한국의 서원이 유네스코 세계 문화유산으로 등록되어 있단다.

윤재   그렇구나. 그런데요 할아버지, 며칠 전 텔레비전에서 사람들이 빨간 옷을 입고 박수 치고, 춤추는 모습을 봤어요.

희원   야, 그건 춤추는 게 아니라 응원하는 거야. 할아버지, 2002년에 우리나라에서 월드컵을 했잖아요.

할아버지   그때 우리나라 사람 모두 한마음이 되어 붉은색 옷을 입고 우리 축구를 열심히 응원했지. 여기 광화문 거리를 중심으로 온통 붉은 물결이어서 세계인들이 한민족의 단결력에 매우

서울

종묘 정전

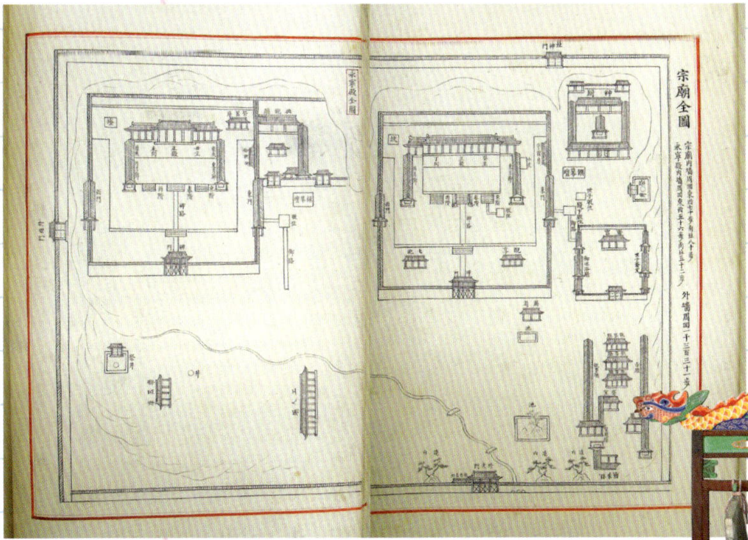

《종묘의궤》가운데 '종묘전도'
종묘의 건물들이 어떻게 배치되어 있는지 알 수 있다.

종묘제례악을 연주할 때
쓰이는 악기

<table>
<tr><td>

2002 월드컵

월드컵은 4년마다 개최되는 세계 축구 대회를 뜻해. 2002 월드컵의 공식 명칭은 '2002 FIFA 월드컵 한국·일본'이란다. 2002년 5월 31일부터 6월 30일까지 공동개최지로 결정된 한국과 일본의 여러 도시에서 축구 경기가 열렸었지.

</td></tr>
</table>

　　　　놀랐다고 하더구나.
윤재　　아! 우리나라 축구 선수들을 응원하는 사람들을 '붉은 악마'라고
　　　　하죠? 왠지 붉은색은 강한 힘을 나타내는 것 같아요.
할아버지　처음에는 축구 응원으로 시작했지만 붉은색 행렬은 이제
　　　　다 같이 한마음 한뜻이 되어야 할 때마다 이 광화문 거리에서
　　　　큰 물결을 이루곤 하지. 때로는 촛불 하나하나가 모여 커다란
　　　　붉은 물결이 되기도 해. 할아버지가 보기에 그건 굉장한 힘이란다.
　　　　우리 민족은 아무리 어려운 시련이 있어도 늘 이겨 냈어.
　　　　할아버지는 그게 우리나라 사람들의 붉은 힘이라고 생각한단다.

날씨는 엄청 더웠지만 할아버지의 이야기를 들으니 그걸 잊을 만큼 가슴이
뿌듯했어요. 윤재는 이순신 장군처럼 우리나라를 위해 뭔가 특별한 일을
하고 싶다고 말했어요. 물론 저도 그렇고요.
우리는 집에 가기 위해 세종문화회관 앞에서 버스를 탔어요. 버스는
서울 시청을 지나 숭례문 주위를 돌아 지나갔어요.

할아버지　윤재는 옛날 사대문의 이름을 아니?
윤재　　할아버지, 저 이순신, 그쯤은 알아요. 남쪽은 남대문, 동쪽은
　　　　동대문, 서쪽은 서대문, 북쪽은 북대문 맞죠?
희원　　푸하하하. 역시 윤재야. 누나 말 잘 듣고 외워 봐. 남쪽은 숭례문,
　　　　동쪽은 흥인지문, 서쪽은 돈의문, 북쪽은 음— 뭐더라?
할아버지　북쪽은 숙정문이란다. 다 남아 있으면 좋을 텐데 지금은

복원한 숭례문

4대문 중 돈의문만 빼고 다 볼 수 있지. 사대문의 이름은 유교에서 다섯 가지 덕이라고 하는 '인의예지신(仁義禮智信)'의 한 글자씩을 넣어서 지은 건데, 마지막 글자인 '신'은 종각에 있는 '보신각'이라는 종의 이름에 들어가 있지.

윤재   할아버지 그래도 '지'가 빠졌는데요?

할아버지   숙정문의 본래 이름이 '소지문'이었단다. 여러 가지 이유로 폐쇄되었다가 2006년 4월부터 일반인에게 개방되었지. 저기 동대문 쪽으로 가면 '동대문운동장'이라는 곳이 있었단다. 그 터에 큰 건물을 지으려고 공사를 하는데 묻혀 있던 옛 서울의 흔적이 발견됐다고 하더라. 할아버지는 우리 조상들의 생활 모습이 고스란히 담겨 있을, 타임캡슐과도 같은 그것을 잘 지켜 냈으면 좋겠구나. 그래야 너희가 직접 눈으로 보면서 우리나라의 역사를 바르게 이해할 수 있을 테니까.

> **사소문**
> 사대문 사이에 있는 동북의 홍화문, 동남의 광희문, 서남의 소덕문, 서북의 창의문을 '사소문'이라고 한단다. 홍화문은 혜화문으로 이름을 바꾸었고, 소덕문은 소의문으로, 창의문은 자하문으로 불리기도 하지. 소의문은 일제에 의해 철거되어 지금은 없단다. 소의문과 광희문은 도성에서 죽은 사람을 성밖으로 운반하던 통로 역할도 했다는구나. 좀 으스스하지?

할아버지가 그러시는데 숭례문은 2008년 2월에 방화로 불탔다가 2013년에 다시 복원했대요. 또다시 그런 일이 없도록 소중한 우리나라 문화재를 우리가 꼭 지켜 낼 거예요.

할아버지   희원아, 윤재야. 대부분 큰 도시들은 강을 끼고 발전했단다. 그러나 서울처럼 도시 한가운데를 큰 강이 흐르고 있는 곳은 세계적으로도 흔치 않다는 사실을 알고 있니? 한강은, 서울은 물론 우리나라 전체 땅에서 아주 중요한 강이야.

윤재   할아버지, 한강은 어디에서 시작해서 어디에서 끝나요?

할아버지   한강은 북한강과 남한강이 양수리라는 곳에서 만나 북서 방향으로 흘러 서울의 가운데를 지나고, 김포평야를 거쳐 서해로 흘러간단다.

윤재   와, 그럼 양수리에서 사는 친구들이 종이배를 만들어 띄우면 김포에 사는 친구들이 받을 수도 있겠네요.

할아버지   그러엄.

서울

서울은 콘크리트가 많아서 여름이면 시골보다 더 덥다고 해요. 오늘은 무척 더운 날이었지만 우리가 한 서울 여행은 정말 알찼어요. 전에는 몰랐는데 서울은 볼거리가 많은 도시라는 생각이 들었어요. 참, 서울에는 먹을거리도 많아요. 시내의 한 가게 유리창에 붙은 팥빙수 사진을 보면서 침을 엄청 삼켰거든요. 집에 가자마자 엄마한테 팥빙수 해 달라고 해야지.

다리가 없던 옛날에는 한강을 건너기 위해 배를 이용했단다. 배가 드나들기 위해 '나루'가 필요했는데 광나루, 동작나루, 양화나루 등이 있었지. 나루들의 모습은 사라졌지만 오늘날 이 나루가 있던 곳에는 대부분 다리들이 생겼단다. 광나루에 광진교와 천호대교가, 동작나루에 동작대교, 양화나루에 양화대교라는 다리가 생긴 거지. 옛날이나 오늘날이나 한강을 편리하게 이용하려고 했던 사람들의 생각은 같지?

지도를 그려 볼까? **67**

한눈에 보는 서울

창덕궁
조선의 임금이었던 태종이 지은 별궁(왕이나 왕세자의 아내를 맞아들이기 위한 곳)이다. 임진왜란 때 불에 탄 궁궐을 1610년에 다시 만들었다.

남산한옥마을
충무로에 자리잡은 한옥마을이다. 서울시가 민속자료로 지정해 놓았던 한옥 5개 동을 되살리고 전통 정원을 꾸며 놓았다.

명동성당
한국 교회 공동체가 처음 탄생한 곳으로 여러 순교자들의 유해가 모셔져 있다. 한국 천주교회를 상징하는 건물이다.

도봉산
도봉구
노원구
북한산
은평구
숙정문
강북구
경복궁
종묘
성북구
중랑구
서대문구
종로구
동대문구
숭례문
강서구
마포구
중구
성동구
광진구
강동구
국립중앙박물관
양천구
용산구
영등포구
동작구
강남구
석촌동고분
송파구
구로구
서초구
관악구
낙성대
금천구
관악산

북한산 신라 진흥왕 순수비
신라 진흥왕이 백제로부터 한강을 빼앗아 이를 기념하기 위해 세웠던 비석이다. 지금은 국립중앙박물관에 있다.

풍납토성
몽촌토성과 700m 거리에 있으며 3세기에 지어졌을 것으로 추정되는 백제의 대규모 성터다. 출토된 유물을 통해 백제가 강력한 집권 체제 국가였으며 중국과 활발하게 교류했음을 알 수 있다.

몽촌토성
백제 초기 자연지형을 이용해 사람이 만든 토성이다. 이곳에서 세발토기, 잔, 항아리 등의 토기와 칼, 창, 화살촉 등의 철제무기류와 뼈로 만든 갑옷 등의 유물이 나왔다.

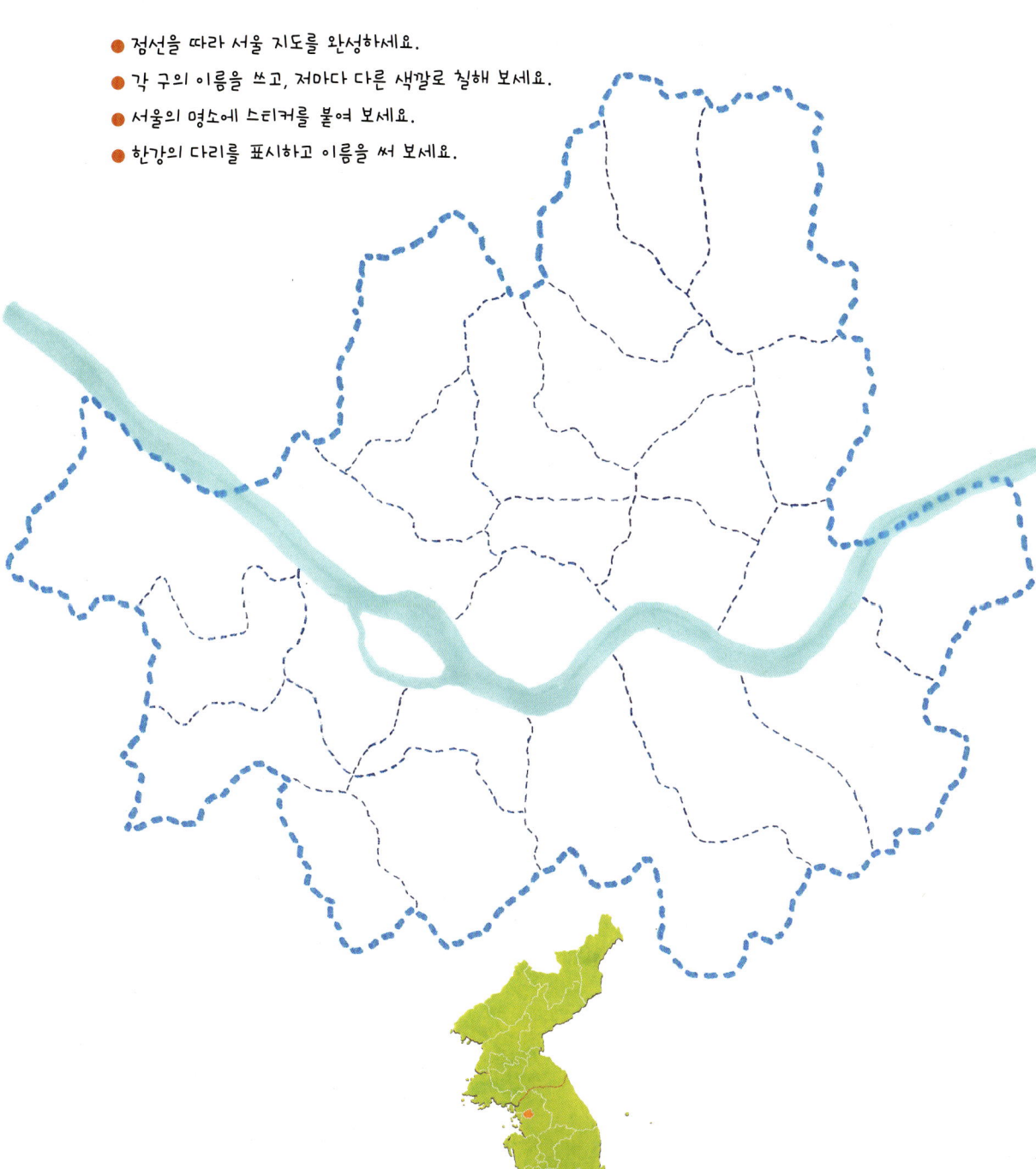

경기도는 점점 커지지

'경기도'란 이름은 고려 시대부터 불린 것으로
'경(京)'은 임금님이 정한 서울을 말하고 '기(畿)'는
서울을 중심으로 사방 500리 땅을 말해요.
따라서 경기라는 말은 임금이 사는 주변의
땅을 뜻하는 것이지요.

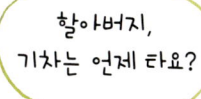

어제 더운 날씨에 서울을 돌아다녀서인지 윤재와 저는 늘어지게 자고 있다가 할아버지께서 깨우는 소리에 일어났어요. 갑자기 일어나 밥 먹기가 싫었는데 할아버지께서 직접 끓여 주신 된장국과 보리밥은, 와- 끝내주게 맛있었어요. 솔직히 엄마표 된장국보다 더 맛있는 거 있죠.

할아버지   희원아, 윤재야. 오늘부터 본격적으로 배낭 메고 여행을 할 거다.
윤재   할아버지, 오늘부터는 땅속을 가는 기차가 아니라 땅 위를 가는 기차를 타는 거죠?
할아버지   오늘은 고속버스터미널에서 여주행 버스를 탈 거야.
윤재   피, 이번에는 버스야? 엄마가 준 돈으로 기차 안에서 맛있는 것을 사 먹고 싶었는데……
할아버지   우리 집에서 영릉을 가려면 기차보다 버스가 더 편해서 어쩔 수 없단다. 영릉은 조선 제4대 임금인 세종과 부인인 소현왕후가 묻힌 곳이야. 영릉의 자리가 좋아서 조선의 역사가 100년은 더 길어졌다는 이야기도 있지.
희원   3학년 때 배웠어요. 시험에 나왔었는데 세종문화큰잔치를 하는 곳이라고 했어요.
할아버지   윤재야, 세종대왕은 어떤 분이시냐?

홍살문

| 윤재 | 한글을 만드셨잖아요. 만약에 한글을 안 만드셨다면 그 많은 한자를 배워야 했을 텐데……. 오, 생각만 해도 끔찍해요. |
| 희원 | 세종대왕님은 우리나라 천문대인 간의대와 자격루, 해시계, 물시계를 발명하고 김종서 장군이 국토를 지킬 수 있도록 하셨대요. 또 뭐 하셨더라. 음— 하여튼 세종대왕님은 백성들을 아주 사랑하셔서 그 마음을 실천하셨던 분 같아요. |

홍살문
궁궐이나 관청, 왕릉 등의 입구에 세운 붉게 색칠한 나무 문이란다. 둥근 기둥 2개를 세우고 위에 화살 모양의 나무를 나란히 박고 가운데에는 태극 문양을 넣은 모습이지.

우리는 홍살문이라는 곳을 지나가게 되었는데 할아버지께서는 그곳이 왕이나 신하들이 제사를 지내러 올 때 절을 하고 들어가는 곳이라고 하셨어요. 저는 아주 공손하게 절을 하는데 윤재가 옆에서 엉덩이를 씰룩이며 절을 해서 엄청 웃었어요. 세종대왕님, 저 희원이에요. 언젠가 아빠가 말했어요. 나라를 다스리는 사람들은 국민을 사랑하는 마음이 있어야 한다고요. 백성을 사랑하셨던 세종대왕님의 묘에 직접 오게 되어서 기뻐요.

윤재   할아버지, 다음에는 어디 가요?

할아버지 조선 정조 때 지어진 수원화성으로 갈 거다.

희원   와, 할아버지. 정말 가 보고 싶었던 곳이에요. 수원시 한가운데
       있는 예쁜 성이라고 들었어요.

할아버지 혹시 너희, 화성의 설계를 누가 했는지 아니?

윤재   제가요. 킥킥, 농담이에요.

할아버지 유형원과 정약용이란 실학자가 했지. 우리나라 성곽 중에 가장
       과학적으로 지어진 성이란다.

우리는 여주 시외버스 터미널에서 수원 가는 버스를 탔어요. 버스 안에서
어떤 할머니가 경기 민요를 부르셨어요. 경기민요는 서울과 경기 지역에서
전해 내려오는 민요를 말한대요. 할아버지는 할머니 노래가 구수해서
참 좋다고 하셨어요.
수원화성은 일제강점기와 한국전쟁을 겪으면서 성곽이 파손되고
손실되었지만 《화성성역의궤》를 바탕으로 대부분 원래의 모습을 찾았대요.
그래서 복원 문화재로는 유일하게 유네스코 세계 문화유산에 등록되어
있다고 해요. 무엇보다 도시 가운데에 이런 옛날 성이 있다는 게 신기했어요.

윤재   할아버지, 저 용머리를 한 빨간 기차는 뭐예요?

할아버지 화성열차란다. 저걸 타면 팔달산에서부터 연무대까지 왔다 갔다
       할 수 있지. 우리도 한번 타 볼까?

희원   와, 드디어 기차를 타게 됐다.

> **실학**
> 실생활에 필요한 실용적인 학문을 말한단다. 대표적인 실학자 정약용은 실학 연구로 얻은 새로운 기술인 거중기를 만들어 이전보다 빠른 시간 안에 수원성을 쌓을 수 있도록 했지.

> **의궤**
> 조선 시대 국가나 왕실에서 큰 행사가 있을 때 후대에 참고가 되도록 그 행사와 관련된 여러 가지를 기록한 책이란다. 행사의 가장 중요한 장면을 그림으로 그려 함께 보관하기도 하였지.

> 수원화성에는 서울의 사대문처럼 동서남북으로 창룡문, 화서문, 팔달문, 장안문이 있단다. 그 가운데 팔달문과 장안문 밖에는 벽돌로 쌓은 반원형 옹성을 더 두어서 큰 성문을 방어할 수 있도록 했지.

할아버지 수원화성은 우리나라 처음으로 벽돌로 지은 성이지. 봐라, 다른 성곽과는 다르게 성이 둥그렇지. 꼭 한복의 곡선 같아서 참 아름답구나. 수원화성은 아버지 사도세자를 위해 정조가 지은 성이란다. 정조는 화성을 중심으로 새로운 정치를 하려고 했던 훌륭한 임금이지.

희원 정조 임금님의 바른 생각이 담긴 화성은 왠지 더 멋있어 보이는 것 같아요.

장안문

화서문

엄마가 싸 준 김밥을 가방에 넣고 강화 가는 버스를 탔어요. 강화도는 아주 오랜 선사시대부터 근대에 이르기까지 우리나라 역사 유적이 많은 곳이라 '뚜껑 없는 역사박물관'이라고 불린대요. 종일 돌아다녀도 다 볼 수 없을 정도로 볼 것이 많은 섬이라니 기대 만발!

경기도

윤재 　바다다! 저기 갈매기 떼가 날아다니네. 비둘기보다 크다.
할아버지 　저기 멀리 성벽과 소나무가 보이는 곳이 초지진이란다. 강화도에서 가장 남쪽에 있는 진으로 조선 효종 때 지어졌다는구나. 진은 해안을 지키는 부대란다.
윤재 　성벽은 보이는데 소나무는 아직 안 보여요.
할아버지 　좀 더 가면 보일 거다. 소나무 위를 올려다보면 흰색 페인트로 동그라미 표시가 있지. 그 표시는 1875년 운요호 사건 때 일본군의 대포에 맞은 자국이란다. 운요호 사건은 일본의 군함 운요호가 초지진 포대를 무너뜨리고 영종도라는 섬을 차지했던 일을 말하지.

> 강화에는 14개의 성과 5개의 진, 7개의 보, 54개의 돈대, 8개의 포대가 있지. 보는 진보다 규모가 작은 해안부대란다. 돈대는 진과 보 안에 있는 작은 방어시설을 말하고, 포대는 적을 막으면서 대포 공격을 쉽게 할 수 있도록 만든 곳이란다.

지도를 그려 볼까? 75

희원　할아버지. 왜 강화도에 유적이 많은 거예요?

할아버지　그건 강화가 서울로 오는 길목이라서 유난히 외세의 침략이 많았기 때문이란다. 고려 때는 몽고의 침략으로 개성에서 강화로 수도를 옮기기도 했지. 다시 개성으로 돌아가기까지 39년 동안 고려는 몽고와 강화에서 투쟁을 했단다. 또 17세기인 조선 인조 5년에 명나라를 받들고 청나라를 배척하려는 외교 정책 때문에 청나라가 조선을 공격한 일이 있었어. 이것이 바로 '정묘호란'이지. 강화도로 피란 갔던 인조 임금이 청나라에게 '형제의 나라'가 되겠다고 해서 전쟁을 마무리했지만, 조선은 그 약속을 지키지 않았단다. 청나라는 이를 빌미로 10년 뒤 다시 조선을 침입했는데 이를 '병자호란'이라 하지. 6일 만에 수도인 한양이 점령되고 미처 강화도로 피신을 못했던 인조는 소현세자와 500여 명의 신하를 데리고 남한산성으로 가게 되었단다. 당시 조선은 전쟁을 할 준비가 되어 있지 않았기 때문에 결국 인조는 청 태종에게 항복의 뜻으로 절을 세 번 해야 했지.

윤재　할아버지, 그럼 강화도에 또 뭐가 있는지 가르쳐 주세요.

할아버지　초지진 근처에 있는 전등사는 고구려 소수림왕 때 지어졌다고 전해지는 아주 오래된 절이지. 신라 땅에 불교를 전파한 중국 진나라의 아도화상이라는 분이 창건했다고 하는구나. 몽고를 피해 고려왕조가 머물렀던 고려궁터도 있어. 건물의 대부분이 사라지고 몇 개의 건물과 기단과 돌계단만 남아 있는데, 꽃나무가 많아서 봄에는 정원에 향기가 가득하단다. 세월이 흐르면서 망가졌던 강화산성은 복원을 했다는구나.

> **강화도와 관련된 또 다른 전쟁들**
>
> '병인양요'는 조선 후기 흥선대원군의 천주교도들에 대한 탄압으로 프랑스가 강화도에 침입한 사건이지. 양헌수 장군의 뛰어난 전략으로 정족산성에서 프랑스군을 물리쳤단다. 또한 1866년 대동강에서 미국상선 제너럴셔먼 호가 불에 탔던 사건 때문에 고종 8년에 미국 군함 세 척이 강화도에 쳐들어온 사건이 있었는데 이를 '신미양요'라 하지.

할아버지의 말씀을 듣고 우리는 시장에 가기 위해 버스를 탔어요.
시장에는 별별 것이 다 있었어요. 시끌시끌한 재래시장은 엄마와 가끔 갔던 마트와는 느낌이 달랐어요.
할아버지께서는 재래시장에 오면 사람 냄새가 나서 좋다고 하셨어요.
뽀글뽀글한 머리를 한 아줌마들은 손님들이 물건을 살 때 깎아 주거나 덤으로 더 주기도 하셨어요.

윤재	할아버지, 화문석이 뭐예요? '석' 자가 들어가니까 집 근처 목욕탕에 있는 맥반석 사우나하고 비슷한 건가?
희원	푸하하하. 화문석은 돌이 아니고 돗자리야. 할아버지, 맞죠?
할아버지	그래. 윤재야, 저기 가게 안에 걸쳐 놓은 돗자리 보이니? 그게 바로 화문석이다. 화문석에는 용이나 봉황, 매화 등의 무늬를 새겨 넣지. '석' 자는 '돌 석(石)'이 아니라 '자리 석(席)'이라서 화문석을 한글로 풀면 '꽃무늬 돗자리'가 된단다. 봐라. 무늬가 참 아름답지 않니? 왕골로 만들어져 시원하기까지 해서 여름철에 많이 쓰인단다.

경 기 도

할아버지께서는 방에 걸어 두라며 윤재와 저에게 복조리를 선물로
사 주셨어요. 윤재는 신이 났어요. 복조리 안에 구슬을 집어 넣으면 동네에
있는 모든 구슬이 자기 것이 될 거라면서요.

우리는 강화 직행버스를 타고 서울로 가고 있었어요. 창밖으로 보이는 강화대교가 붉은 노을 속에 출렁거리는 것 같았어요.

할아버지　희원아, 윤재야. 시간이 부족해서 못 가 본 강화의 중요한 유적지가 더 있단다. 고려궁터에서 북쪽으로 조금 더 올라가면 강화고인돌이 있어.

윤재　저 고인돌 알아요. 인터넷에서 뜻을 찾아본 적이 있는데 청동기 시대의 무덤이라고 했어요.

희원　저도 알아요. 고인돌은 선사시대 부족을 대표하는 족장의 무덤이잖아요.

할아버지　그렇게 생각했었지. 하지만 전북 고창에서는 아이와 엄마가 함께 묻힌 고인돌이 발견되기도 했단다. 그래서 꼭 권력을 가졌던 사람의 무덤이 아니라 공동 무덤이었다는 주장도 있지.
우리나라에 몇 개의 고인돌이 있다고 생각하니? 놀라지 마라.
무려 4만여 기가 있단다. 여기 강화 그리고 전북 고창, 전남 화순에 있는 고인돌은 모두 유네스코 세계 문화유산에 등록되어 있지.

희원　그런데 고인돌은 엄청 크잖아요. 옛날 사람들은 굴삭기나 크레인도 없었는데 어떻게 돌을 옮겼어요? 정말 궁금해요.

덮개돌

윤재 누나, 하늘과 땅을 만들었다는 마고할미가 큰 돌들을 번쩍 들어서 갖다 놓지 않았을까?

할아버지 글쎄. 의견이 분분하지만 대부분 이렇게 만들었다고 생각한단다. 큰 돌들을 쪼개고 다듬어서 적당한 크기의 돌들을 만든 뒤에 땅에 구멍을 파서 그 돌들(고임돌)을 세우고 고임돌 높이까지 주변에 흙을 쌓지. 둥그런 통나무들을 바닥에 깔아 고임돌 위를 덮을 돌(덮개돌)을 운반하기 쉽도록 만든 다음, 덮개돌을 끌어당겨서 고임돌 위로 올린단다. 그리고 나서 주변에 쌓았던 흙들을 모두 치우면 고인돌이 만들어지는 거지.

윤재 우와~ 옛날 사람들, 머리 진짜 좋다.

할아버지 그렇지. 먼 조상의 지혜가 놀랍구나. 해발 469m의 마니산에서는

기(基)는 무덤에 세우는 비석이나 탑 등을 셀 때 쓰는 표현이에요.

고임돌 고임돌

강화 지도

| | 아름다운 강화도의 모습을 한눈에 볼 수 있지. 마니산은 우리나라 중간에 자리 잡고 있어서 꼭대기에서 남쪽 한라산까지의 거리와 북쪽 백두산까지의 거리가 같다고 하는구나. 마니산에 있는 참성단은 고조선의 시조인 단군이 하늘에 제사를 지내던 곳으로 유명하지. 남한에 유일하게 남아 있는 고조선 유물이란다. 지금은 개천절 제천 행사를 열고, 전국체전이 열릴 때면 성화를 이곳에서 채화하기도 하지. |

윤재 저 그거 텔레비전에서 봤어요. 그게 참성단이었구나.

희원 할아버지, 강화 지도를 보니 섬이 많아요.

할아버지 그렇지. 강화도 주위에는 여러 개의 섬이 있지만 할아버지 기억에는 유독 석모도가 기억난단다. 석모도 낙가산에 있는 보문사라는 절은 3대 해상 관음 도량인데 불공을 드리는 신자들이 자주 찾는 곳이지. 이곳 대웅전을 뒤로 하고 노을을

	바라보면 노을이 마치 바다를 그을리고 있는 듯 장관을 이룬단다.
희원	할아버지, 강화도는 알찬 역사책 같아요. 책장을 넘길 때마다 더 재미있는 역사책이요.
할아버지	그런 강화도가 오래 남을 수 있도록 너희가 잘 지켜야겠지?
희원	할아버지, 경기도는 정말 커요. 지도를 보니까 서울을 둘러싸고 있고 서울보다 몇 배는 크잖아요.
할아버지	그래서 그런지 경기도는 행정구역이 많이 변했지. 원래는 서울도 경기도에 포함되어 있다가 지금처럼 따로 특별시가 된 거란다. 지금의 인천광역시도 처음에는 경기도의 일부였지. 우리가 갔던 강화군이나 옹진군, 김포군은 이제 경기도에 속하지 않고 인천광역시에 속한단다.
윤재	그럼 경기도는 좀 줄었겠어요.
할아버지	꼭 그렇지만도 않아. 오히려 지금도 계속 커지고 있는데 그건 땅이 커진다는 뜻만은 아니란다. 경기도의 역할 또한 커진다는 뜻이지. 서울에 사는 사람이 많아지고 교통, 주택, 환경 등 여러 가지 문제가 생기면서 서울의 역할을 경기도에 있는 도시들이 맡게 되었어. '위성'이라는 말을 들어본 적 있니? 지구 둘레를 돌고 있는 달을 위성이라고 부르지. 서울을 지구라고 생각하면 서울의 역할을 나눠 갖는 경기도의 도시들은 '위성도시'가 되는 셈이란다. 요즈음은 재석이 삼촌처럼 직장은 서울인데 집이 일산인 경우가 많아. 그래서 출퇴근 시간이면 서울로 들어오거나 나가는 차들 때문에 교통 문제가 심각하지. 우리나라 땅 곳곳에 사람들이 골고루 살면 좋을 텐데 말이야

> **해상 관음 도량**
> 바다가 보이는 곳에 관세음보살을 모신 사찰을 말하지. 보문사를 포함해서 강원도 낙산사 홍련암, 경상남도 금산 보리암은 우리나라 3대 해상 관음 도량이란다.

경기도

버스가 어느새 서울로 들어왔어요. 윤재는 집에 오자마자 할아버지께서 사신 밴댕이젓갈을 얼른 엄마에게 갖다 드렸어요. 시장을 너무 많이 돌아다녔나? 나는 다리가 아파서 소파에 풀썩 앉았어요. 지금 눈에 뭐가 아른거리냐면요, 바로 화문석이에요. 화문석에 새겨져 있던 봉황 네 마리, 조금 있다 연습장에 싸인펜으로 그려 봐야겠어요. 봉황이라는 상상의 새를 처음 봤거든요.

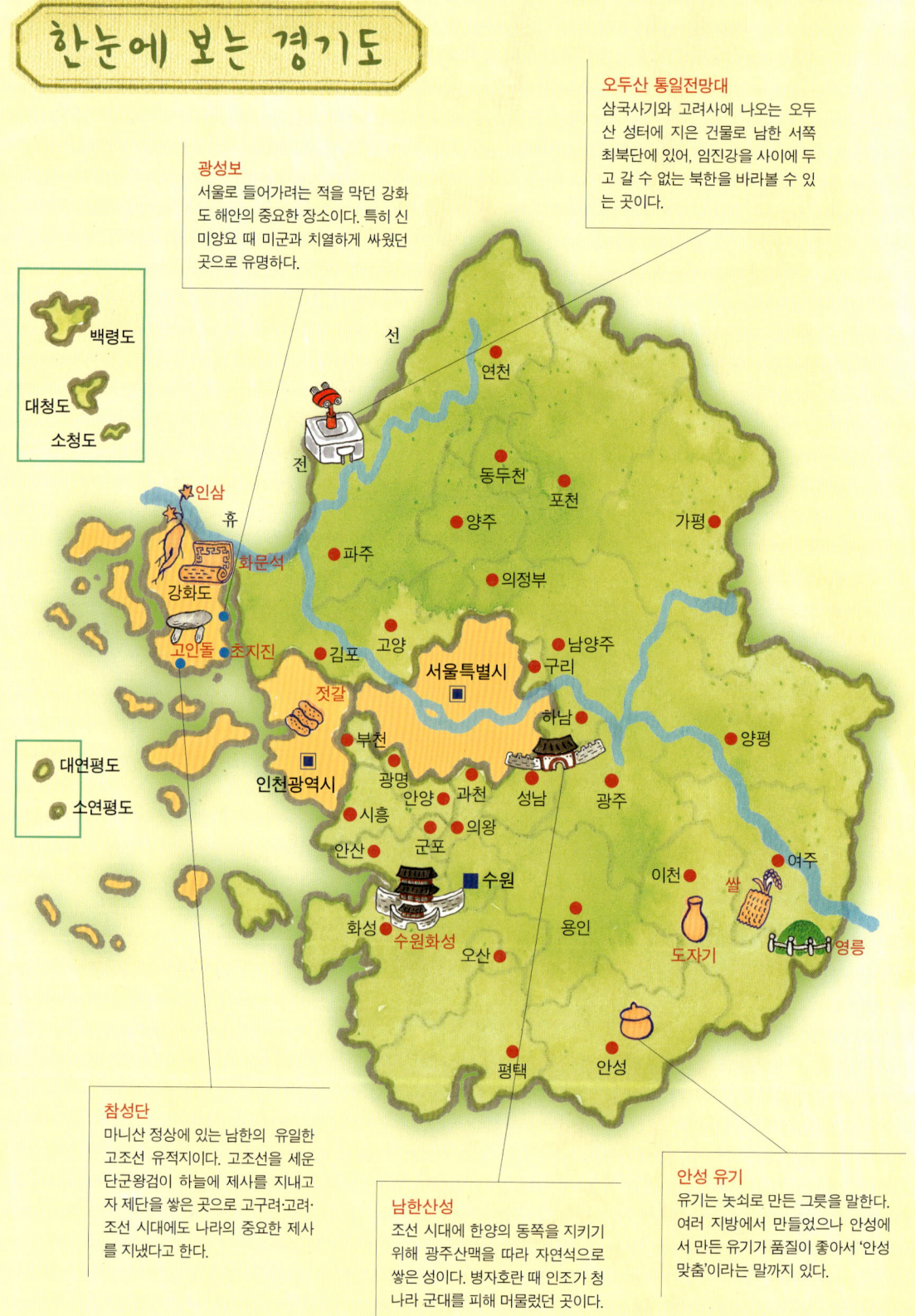

경기도를 그려 보아요

- 점선을 따라 경기도 지도를 완성하세요.
- 경기도의 명소와 특산물에 스티커를 붙여 보세요.
- 각 시군마다 다른 색을 칠하고 이름도 써 보세요.

경기도

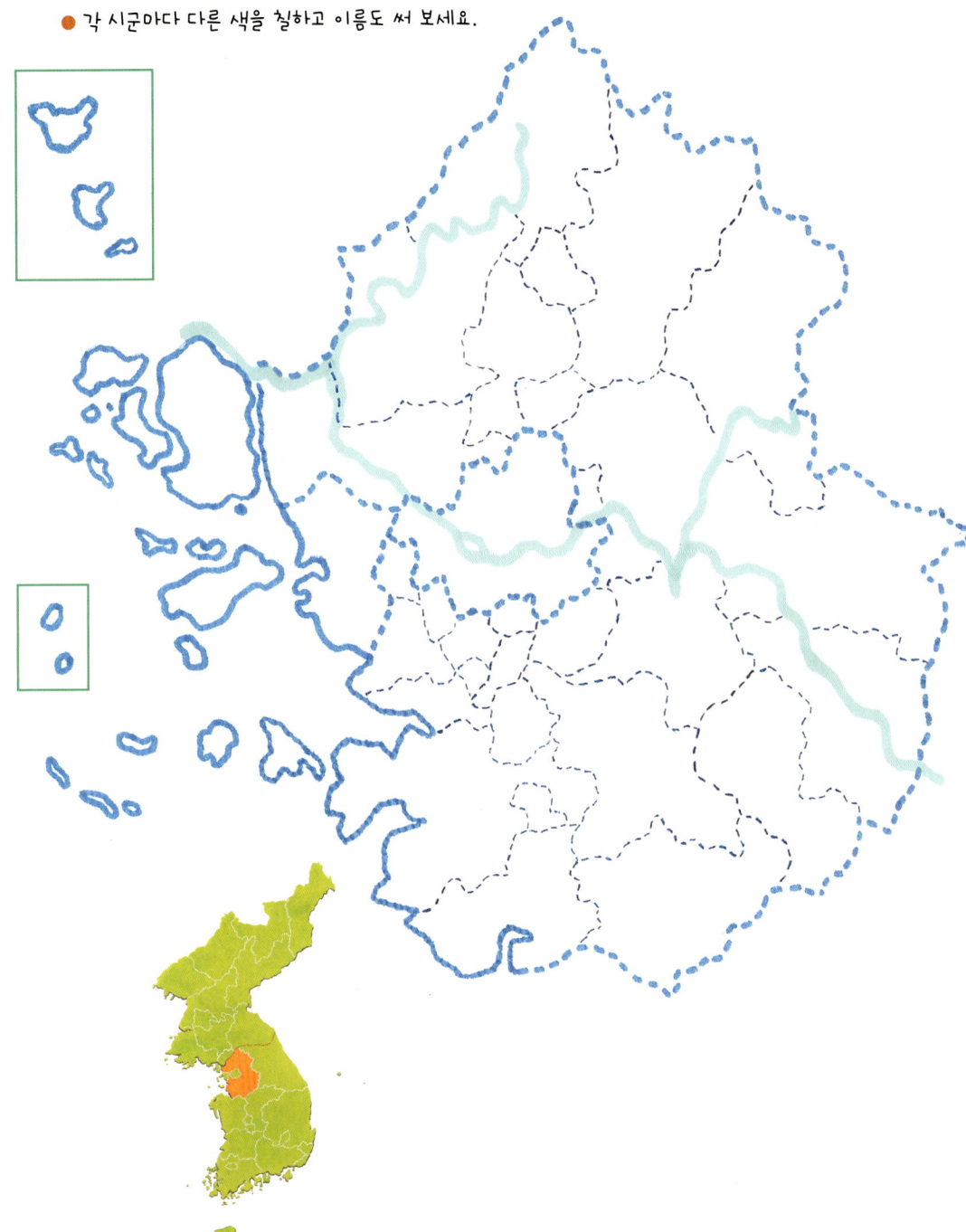

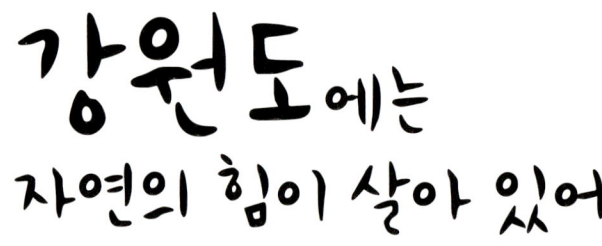

강원도에는 자연의 힘이 살아 있어

'강원'은 강릉과 원주라는 두 도시의
첫 글자를 따서 붙인 이름이에요. 휴전선 위아래
동쪽에 위치하고 있고 태백산맥을 기준으로
동쪽을 영동, 서쪽을 영서라고 해요.

강원도

우리는 청량리에서 아침 8시부터 기차를 탔어요.
드디어 기차다! 윤재와 저는 삶은 계란과 사이다를 사 먹었어요.
윤재의 볼을 보며 계란 2개를 얹은 것 같다는 말을 했더니 윤재의
입속에서 노른자가 튀어나오는 거예요. 정말 못 말려!

희원   할아버지, 터널을 많이 지나는 것 같아요.
할아버지   강원도에는 태백산맥이 뻗어 있기 때문이란다. 산맥이 있으니
산이 많고 산을 통과하기 위해 터널을 많이 만들었어. 터널이
없었던 옛날에는 사람들이 걸어 다닐 수 있도록 산에 길을
만들어야 했지. 진부령, 미시령, 한계령, 대관령 같은 고갯길들이
그래서 생긴 거란다. 험한 산이 많아서 예부터 사람이 살기에
적당하지 않았고 개발이 적었기 때문에 강원도의 자연은
훼손되지 않고 남아 있을 수 있었지.
윤재   이 기차는 어디로 가는 거예요?
할아버지   강원도 원주를 지나 충북 제천을 갔다가 다시 강원도 영월과
태백을 지나 멋진 동행의 풍경을 보며 강릉에 도착하지.
이 기차는 영동선, 태백선 두 선로를 다 이용한단다.

기차는 또 한참을 달렸어요. 그러다가 바다가 보이기 시작했어요.
우와~! 바다가 보인다!

할아버지   녀석들, 그리 좋으냐. 강릉은 신사임당의 고향이자, 그분의 아들인 율곡 이이가 태어나고 자란 집이 있는 곳이지. 여기 경포대 해수욕장과 멀지 않은데 그 집의 뒤뜰에 검은 대나무가 있다고 해서 '까마귀 오(烏)'와 '대나무 죽(竹)' 자를 써서 '오죽헌'이라고 불렀단다. 또 강릉에서는 해마다 음력 5월 5일 단옷날에 강릉단오제가 열리지.

윤재   단오제면 축제예요? 어떤 행사를 해요?

할아버지   관노가면극, 씨름, 그네뛰기, 줄다리기, 창포물에 머리감기 등의 민속 행사나 전통 혼례식이 진행된단다. 그 밖에 한시 짓기 행사와 너희가 직접 참여할 수 있는 체험학습장도 열리지. 무엇보다 큰 행사는 풍년이 들고 물고기를 많이 잡을 수 있도록 제사를 지내고 굿을 하는 것이지. 강릉은 여름에 비가 많이 내리고 겨울에 눈이 많이 내리는 곳이야. 옆에 동해가 있어서 바람이 심하게 불고 파도가 치기도 하지. 강릉 사람

누구나 험한 자연 조건을 극복하고 농사와 고기잡이를 하며 살아야 했기 때문에 단오가 되면 강릉 사람들의 건강과 안녕, 풍농과 풍어를 바라는 모두의 축제이자 종교행사를 열었던 거란다. 우리나라 전통 음악, 춤, 민속극 등을 다 볼 수 있는 강릉단오제는 유네스코 인류 구전 및 무형유산에 등록되어 있단다.

희원   할아버지, 저는 가면극을 텔레비전에서 봤는데 하인 탈을 쓴 사람이 양반 탈을 쓴 사람에게 장난말을 하는 것이 재미있었어요. 직접 보면 더 재미있을 것 같아요.

할아버지   그래. 우리 내년 5월에는 와서 꼭 보자꾸나.

관노가면극
옛날 관아의 노비들에 의해 이어져 온 가면극이란다. 양반과 각시, 2명의 '시시딱딱'이라는 인물과 2명의 '장자마리'라는 인물, 10여 명의 악사들이 한데 나와 어우러지는 극이지.

강원도

강원도의 또 다른 문화제
단종문화제는 영월에서 매년 4월에 열리는 행사란다. 조선 제6대 임금인 단종은 열두 살에 왕이 되었지만 삼촌인 수양대군(세조)에 의해 열다섯 살 나이에 왕의 자리에서 쫓겨났다. 영월의 청령포에 유배되었다가 열일곱 살에 사약을 먹고 죽고 말았단다. 단종문화제에서는 단종의 넋을 위로하기 위해 단종 제향과 단종 유배길 재현 등을 한단다.

샤워장에 사람이 얼마나 많은지 우리는 모래만 대충 털고 옷을 갈아입었어요. 그런데 등이 따가웠어요. 바닷가에서 너무 놀았나 봐요. 우리는 할아버지를 따라 선교장이라는 곳을 향해 걸어갔어요. 갑자기 상쾌한 바람이 경포대 쪽에서 불어와 온몸이 시원해졌어요.

할아버지　어, 시원하다. 할아버지가 노래 좀 부를까?
희원, 윤재　네. 불러 주세요.
할아버지

　　　　아우라지 뱃사공아 배 좀 건너 주게.
　　　　싸릿골 올동백이 다 떨어진다
　　　　아리랑 아리랑 아라리요
　　　　아리랑 고개 고개로 나를 넘겨 주게

희원　　할아버지, 저 이 노래 알아요. 정선아리랑이죠? 왠지 슬픈 것 같아요. 그런데 아무래도 윤재의 노래 실력은 할아버지를 닮았나 봐요. 헤헤.
할아버지　뭐라고? 요 녀석 좀 보게나. 하하하.

어허! 바람 참 시원하다.

우아, 크다!

조선 시대 사대부의 집이라는 선교장은 생각보다 엄청 넓었어요. 마치 서울에 있는 경복궁이나 창덕궁처럼 문도 많고 건물도 많았어요.

윤재   할아버지, 옛날 집들은 다 이렇게 컸어요?
할아버지   그건 아니고, 이곳은 궁궐이나 사찰을 빼고 우리나라에서 가장 큰 양반의 집이란다. 무려 99칸으로 되어 있지. 배로 다리를 만들어 경포호수를 가로질러 다녔다 하여 '선교장'이라고 이름 붙였단다. 비록 개인 소유지만 중요 민속자료 제5호로 지정되어 있는 국가 문화재로서 강릉 문화를 대표하지.

강원도

선교장

윤재   그런데 할아버지, 강원도 지도에는 금강산도 있잖아요. 우리도 금강산에 갈 수 있나요?

할아버지   1998년 11월부터 바닷길로 금강산 관광이 시작되었지만 지금은 북한 땅에 쉽게 갈 수 없지. 그래도 이 할아버지는 언젠가 반드시 강원도의 나머지 땅도 자유롭게 다닐 수 있는 날이 꼭 올 거라고 믿는단다.

희원   할아버지, 저는 산이 많은 강원도가 좋아요. 숲이 있으면 사람들이 쉴 수 있잖아요. 높고 큰 빌딩과 자동차들이 빽빽한 서울에서 살다가 나무 냄새와 새소리, 물소리가 가득한 숲에 오면 신비로운 동화 속으로 들어온 것 같아요. 늘 바쁘고 힘든 엄마 아빠도 나무 그늘에서 쉴 때는 정말 편해 보여요.

할아버지   그럼. 사람도 자연의 일부지. 그래서 젊었을 때 도시에서 살아도 이 할아버지처럼 나이가 들면 시골로 내려가는 사람이 많지. 할아버지는 강원도에 오면 가슴이 뛴단다. 강원도의 자연은 저기 우뚝 솟은 산처럼 힘이 있지. 희원아, 윤재야. 사람들이 힘들고 지칠 때 왜 자연 속으로 들어가고 싶어 하는지 알 것 같니?

희원, 윤재   네.

희원   숲이 우리에게 주는 도움에는 또 뭐가 있을까?

윤재   공기가 좋아지고, 나무가 많으니까 산사태를 막아 줘요. 그리고 동물들이 잘 살 수 있게 해 줘요. 그리고…… 아, 비빔밥. 산에서 나물을 캐서 비빔밥을 만들어 먹을 수 있어요. 누나, 맞지?

희원   역시 먹을 건 안 빠지는군. 윤재다워.

할아버지   윤재가 먹는 얘길 하니까 고랭지농업이 생각나는구나. 너희 고랭지농업이 뭔지 아니?

윤재   고! 할아버지, 고는 '높을 고(高)' 같아요.

희원   랭! 랭은 냉 아니에요? '차가울 냉(冷)'이요.

윤재   지! 지는 '땅 지(地)'.

희원   그러니까, 음…… 고랭지농업은 높고 차가운 땅에서 농사를 짓는 일인 것 같아요.

할아버지   그렇지. 똑똑한 할아버지의 똑똑한 손자들이네. 고랭지농업은

높은 땅에 위치한 덕분에 여름철에 선선하고 비가 많이 오며 일조량이 짧은 강원도의 기후 조건을 이용하여 채소 등을 재배하는 것이란다. 특히 강원도 평창이 대표적이지. 덕분에 전국에서 가장 많은 양의 옥수수가 강원도에서 재배되고 있다는구나. 강원도의 대표적인 작물로 또 뭐가 있을까?

윤재 당연히 알죠. 감자요. 아, 먹고 싶다. 더운 김이 솔솔 나는 감자. 할아버지, 우리 감자 먹으러 가요. 네?

할아버지는 우리에게 감자떡을 사 주셨어요. 쫄깃쫄깃, 진짜 맛있다. 감자떡을 먹으면서 하늘을 올려다봤지요. 하얀 뭉게구름이 먼 산 봉오리에 걸쳐 있었어요.

한눈에 보는 강원도

낙산사
양양군에 위치한 사찰로 신라 문무왕 때 의상대사가 창건했다. 2005년 큰 산불로 훼손되어 복원했다.

백담사
신라 진덕여왕 때 자장율사가 한계사라는 이름으로 창건했다. 1783년에 설악산 대청봉에서부터 '100개의 연못이 있다'는 뜻에서 백담사가 되었다.

철원군
태봉문화제
갈말(신철원)
화천군
화천
양구군
옥 양구
인제
속초시
오징어
고성군
간성
양양
양양군
춘천시
인제군
오죽헌
선교장
홍천군
홍천
강릉시
한우
횡성
횡성군
평창군
강릉단오제
원주시
영월 단종제
평창
정선
동해시
삼척시
정선군
영월
영월군
태백시

효석문화제
소설가 이효석의 문학정신을 기리기 위해 대표작인 《메밀꽃 필 무렵》으로 유명한 평창군 봉평면에서 열리는 문화제이다.

오대산 상원사 동종
우리나라에서 가장 오래된 종으로 725년 신라 성덕왕 때 만들어졌다. 조선 시대에 오대산 상원사로 옮겨졌다.

강원도를 그려 보아요

강원도

- 점선을 따라 강원도 지도를 완성하세요.
- 강원도의 명소와 특산물에 스티커를 붙여 보세요.
- 각 시군마다 다른 색을 칠하고 이름도 써 보세요.
- 휴전선에는 빨간 색을 칠하고, '없어져랏!' 하고 주문을 외워 보아요.

충남아, 백제를 보여 줘

'충청'은 충주와 청주의 첫 글자를 따서 만든 이름이에요. 충청도는 다른 도처럼 지형적으로 남과 북으로 나뉘어져 있지 않지만, 다른 도들과 이름을 맞추기 위해 서쪽에 있는 지역을 충청남도, 동쪽에 있는 지역을 충청북도라고 하였어요.

강릉에서 하룻밤을 자고 그다음 날, 우리는 천안 가는 버스를 탔어요. 할아버지께서는 자리에 앉으신 뒤 무릎 위에 지도를 펼치셨지요. 할아버지께서 손가락으로 가리키신 천안 지도에는 많은 선이 지나가고 있었어요. 잠깐 보기에도 기찻길과 도로들인 것 같았어요.

윤재   할아버지, 천안에 무슨 선이 이렇게 많이 지나가요?

할아버지   이 선들은 천안이 교통의 중심지라는 것을 뜻한단다. 자, 봐라. 고속국도로 경부선, 천안-논산간 도로가 보이지? 철도는 경부선이 다니고, 또 고속철도(KTX)의 개통으로 서울에서 천안·아산역까지는 34분밖에 걸리지 않지. 지하철 1호선도 천안까지 간단다. 천안뿐 아니라 충청 지방은 우리나라 중심부에 자리잡고 있어서 전국 어디로든 편하게 갈 수 있지. 우린 천안에서 공주 가는 버스로 갈아탈 거란다.

윤재   공주요? 희원이 누나같이 '나 예뻐 병'에 걸린 여자를 말할 때 쓰는 공주요? 공주들만 사는 도시도 있어요?

희원   뭐? 내가 공주병이라고? 그럼 윤재 넌, 장군병이게? 그런 공주가 아니야. 할아버지, '공주'라는 도시가 있죠?

할아버지   그래. 충청남도에 있는 공주와 부여를 갈 거란다. 두 도시 모두 백제의 수도였던 곳이라 백제의 문화를 아주 잘 간직하고 있지.

윤재   그럼, 백제는 수도가 두 군데였어요?

할아버지   동시에 수도가 2개였던 게 아니라 수도를 두 번 옮긴 거란다. 한강 유역에 한성에서 공주(웅진)로 한 번, 공주에서 부여(사비) 한 번 이렇게 말이지.

희원   할아버지, 드라마에서 보니까 백제랑 고구려랑 무슨 관련이 있었던 것 같아요.

할아버지   잘 보았구나. 백제의 시조 온조가 고구려 시조인 주몽의 아들이니 두 나라가 관련이 있을 수밖에. 그런데 주몽은 원래 부여의 왕자였단다. 그래서 백제의 성왕은 부여로 수도를 옮기면서 나라 이름을 '남부여'로 바꾸었지. 넓은 영토와 우수한 문화를 지녔던 부여와 고구려를 동시에 계승한다는 뜻에서였어. 부여는 백제의 마지막 수도이자, 수상교통을 통해 신라, 중국, 일본과 왕래한 국제 도시였단다. 먼저 공주로 가서 무령왕릉부터 보자꾸나. 무령왕과 그 왕비가 묻힌 무덤이지.

윤재   웬 무덤이요? 무덤 생각하면 무서워서 닭살이 돋아요.

희원   윤재야야야야~~~ 히히히~~~ 내가 지금 누나로 보이니?

멀리서 무령왕릉을 보고 달려가려고 하는데 할아버지께서 말리셨어요. 예전에는 무령왕릉을 직접 볼 수 있었지만 사람들이 드나들면서 여러 가지 문제가 생기자 지금은 모형관만 볼 수 있다면서요. 대신 능 뒤에 있는 국립공주박물관에 가자고 하셨지요.

할아버지 백제는 고구려나 신라에 비해 유물이 적게 발굴되었단다. 일본인들이 백제의 유물을 자기 나라로 많이 가져간 탓에 백제를 '잃어버린 왕국'이라고 부르기도 했지. 그러다가 우연히 한 인부가 한 번도 문이 열리지 않았던 무령왕릉을 발견하면서 백제의 훌륭한 유물들이 비로소 모습을 보이기 시작했단다.

윤재 그런데 할아버지, 무덤 안에서 왜 유물들이 나와요?

할아버지 옛날에는 사람이 죽으면 그 사람이 쓰던 물건들을 함께 묻었기 때문이지. 왕과 왕비의 금관과 금제 관장식, 청동거울 등 무령왕릉에서 나온 다양한 유물들을 통해 화려했던 백제의 문화를 엿볼 수 있단다. 또 무령왕릉은 그 구조가 중국 남조의 벽돌무덤과 유사한 데다 출토된 유물 가운데 중국 도자기와 거울, 일본산 금송으로 짠 널도 있어 당시 활발했던 나라 간 교류를 짐작할 수 있게 한단다. 자, 저기 공주박물관이 보이는구나.

충청남도

금제 관장식

박물관은 참 신기한 곳이에요. 겉에서 보면 딱딱하고 재미없을 것 같지만 한 발자국씩 걸어가면서 이것저것을 구경하다 보면 어느새 박물관이 보여 주는 마술에 흠뻑 빠져 버리거든요. 1층 무령왕릉실을 구경하면서부터 저는 마치 금관을 쓴 왕비가 된 기분이었어요. 정말 윤재 말대로 저에게 공주병, 아니 왕비병이 있나 봐요. "여봐라, 게 아무도 없느냐?"
아니, 왜 왕비가 부르는데 아무도 대답이 없지?

석수

윤재   할아버지, 저기 동물같이 생긴 것은 뭐예요?
할아버지   저것은 석수란다. 실제 있는 동물이 아니라 상상의 동물이지. 무덤 앞이나 안에 놓아서 악귀를 쫓고 죽은 자를 저승으로 안내하는 역할을 한다더구나. 이렇게 장신구, 칼, 술병, 거울 등 훌륭한 백제의 유물들이 무령왕릉에 남아 있어서 시간이 지났어도 우리는 백제를 느낄 수가 있는 거란다.
윤재   할아버지, 웅진 문화실이 뭐예요?
할아버지   말 그대로 백제가 웅진(공주)을 수도로 삼던 시기의 주거, 분묘, 성곽 등을 전시해 놓은 곳이지. 여기에 있는 유물은 천안, 공주, 공산성에서 나온 것들이란다.
희원   이 금동관음보살입상의 미소 좀 보세요. 모나리자의 미소보다 더 예쁜 것 같아요.
할아버지   그렇지. 연꽃받침 위에 선 보살의 살짝 웃는 미소가 백제 후기 불상의 모습을 아주 잘 보여 준단다. 전쟁이 잦았던 삼국시대에 불상의 따뜻한 미소는 백성들을 안정시키는 역할을 했다고 하더구나.

금동관음보살입상

공주박물관을 구경한 우리는 이번엔 국립부여박물관으로 향했어요. 할아버지께서는 부여박물관의 모양이 선사시대 움집의 모습을 본떠 만든 건물이라고 말씀하셨어요. 윤재는 음료수를 먹으면서 전시실 입구를 들어가려다가 먹을 것은 갖고 들어가지 못한다는 박물관 지킴이 언니의 말을 들었어요. "윤재야, 다 먹고 들어와. 누나는 할아버지랑 먼저 들어간다."

민무늬토기

희원   할아버지, 이게 민무늬토기래요.

할아버지   그래. 청동기시대의 대표적인 토기지. 신석기시대의 대표적인 토기인 빗살무늬토기와는 다르게 생겼지? 빗살무늬는 토기가 불에 구워질 때 갈라지는 현상을 막아 주지. 하지만 민무늬토기는 가마에서 구워졌기 때문에 나중에 갈라질 염려가 없어 굳이 무늬를 그리지 않았단다.

윤재   여기 칼이랑 방울도 좀 보세요. 이런 것들이 땅속에서 나왔다니 신기해요.

윤재   할아버지, 이게 칼인가 봐요. '칠지도'라고 쓰여 있어요.

할아버지   칠지도는 7개의 가지가 달린 철제 칼이란다. 칠지도에 새겨진 글자를 통해 백제가 중국 동진 및 일본과 얼마나 친하게 지냈는지 알 수 있지. 백제 근초고왕 때 왕실에서 칠지도를 제작하여 일본(왜) 왕실에 전해 주기도 했다는구나.

희원   할아버지, 이게 다 백제 시대의 장신구라는데 요즈음 언니들이 하고 다니는 것하고 비슷해요.

칠지도

백제 유물들을 구경하다가 정말 입이 다물어지지 않는 놀라운 유물을 만나게 되었어요. 이거 박물관 바깥에 있던 건데……. 언제 이리로 와서 작아졌지? 아! 진짜 백제 금동대향로다!

희원   와~ 아름다워요.

할아버지   참 섬세하게 만들었지? 잘 봐라. 이 금동대향로는 백제의 사비 (부여) 시대의 찬란한 문화를 가장 잘 보여 주는 걸작품이란다. 향로의 받침에 있는 용은 생명의 근원인 물을 상징하는데, 재료의 면을 도려내는 '투조'라는 기법이 쓰였단다. 향로의 몸통은 물에서 피어난 연꽃에 해당하지. 아랫부분의 연꽃잎에서는 여러

백제 금동대향로

생명이 탄생하고 있고, 몸통과 뚜껑에는 하늘과
인간을 잇는 산과 다양한 몸짓의 선인들, 이상
세계에 사는 84마리의 동물들이 표현되어 있지.
맨 위에 앉은 신비로운 새는 '태평성대'를 뜻한단다.
뚜껑에 있는 12개의 구멍에서 향이 나오는 장면을
상상해 보려무나. 아주 멋졌을 거야.

금빛을 내던 금동대향로는 잊혀지지 않을 것 같아요.
이제 제3전시실에 가 봐야겠어요. 또 무엇이 있는지
궁금해서 달려갔어요.

서산마애삼존불상

윤재　　할아버지, 이리 와 보세요. 왜 부처님이
　　　　셋이에요?

할아버지　어디 보자. 이건 서산마애삼존불상의 모형이구나. 가운데는
　　　　본존불이고 왼쪽은 반가사유상, 오른쪽은 보살입상이란다.
　　　　이러한 형태의 삼존불상은 인도에서 처음 만들어져 중국을 거쳐
　　　　우리나라 삼국시대에도 만들어졌지. 가운데 본존불의 얼굴을
　　　　보렴. 부드럽고 은근한 그 표정을 '백제의 미소'라고도 한단다.

희원　　윤재야, 이리 와 봐. 네가 좋아하는 거야. 할아버지, 여기
　　　　'말갖춤'이라는 것이 있어요. 백제 사람들이 말을 타기 위해
　　　　이렇게 여러 가지 장치를 했대요.

윤재　　우와, 발걸이 좀 보세요. 저기에 발을 끼고 달렸나 봐요. 이거
　　　　보니까 저도 말 타고 싶어요. 어때, 누나. 내가 계백 장군처럼
　　　　보이지 않아?

희원　　그래. 키 작은 계백 장군 같아.

할아버지께서는 백제의 유물들이 우아하고 섬세한 아름다움을 지닌
우리나라 최고의 문화재라고 하셨어요. 저는 잘은 모르지만 부여박물관에서
보았던 둥그런 도자기들과 부처님의 미소, 선녀같이 아름다운 금동대향로를
떠올리니 백제에 살던 우리 조상님들의 고운 마음씨를 알 것 같았어요.

> **계백 장군**
> 백제를 무너뜨리기 위해
> 당나라와 신라는 손을 잡
> 고 사비(부여)를 공격했
> 지. 이때 백제의 계백 장군
> 은 5천 명의 결사대를 데
> 리고 끝까지 싸우다 결국
> 황산벌에서 전사했단다.

다음 목적지인 낙화암으로 가기 위해 택시를 탔어요. 백제의 궁녀들이 떨어졌다는 그곳이 어떻게 생겼을지 무척 보고 싶었어요.

할아버지 여기 부소산성은 백제의 마지막 왕성으로, 백제 시대에는 사비성이라고 불렸단다. 평소에는 도성의 정원으로 이용되었고, 유사시에는 왕궁을 방어하는 최후의 성곽이었다는구나. 정문인 사비문을 지나 5분쯤 걸어 올라가면 삼충사가 있단다. 백제 말 충신인 성충, 흥수, 계백의 위패와 영정을 모시고 있는 곳이지. 그럼 올라가 볼까?

우리는 삼충사를 둘러보고 백제 여인들의 넋을 기리기 위해 세웠다는 백화정으로 올라갔어요. 걸어 올라오느라고 꽤 더웠는데 멀리 흐르는 강물이 보기만 해도 시원했어요. 아, 저기 낙화암이라고 써 있는 표지판이 보였어요.

윤재 여기가 낙화암이구나.
희원 할아버지, 이 백화정이라는 정자를 받치고 있는 돌의 모양이 꽃잎 같아요.
할아버지 그래, 마치 연꽃 같구나. 이렇게 꽃같이 생긴 돌 위에서 꽃보다 더 아름다운 백제의 궁녀들이 나라 잃은

슬픔으로 저기 백마강으로 떨어졌으니 참 가슴이 아프구나. 백마강에서 보았을 때 절벽 색깔이 붉게 보이는 것은 당시 백제 여인들이 흘린 피로 물들었기 때문이라고도 하지. 예나 지금이나 나라가 위태로워지면 백성들의 삶도 어려워진단다. 때로는 이렇게 슬픈 일도 생기지.

윤재 할아버지, 백제는 왜 멸망한 거예요?

할아버지 한때는 백제의 마지막 왕인 의자왕의 방탕한 생활이 이유였다고 여긴 적도 있었지. 하지만 지금은 그 당시 국제 관계 때문이었다고 여긴단다. 점차 힘이 세지고 있던 신라가 당나라와 함께 백제를 공격했지 뭐냐. 당나라는 백강(백마강)으로 오고 신라는 황산벌 싸움에서 백제를 이기고 사비성 남쪽으로 들어오는 식으로 협공해서 결국 700년을 지켜 온 백제가 멸망한 거란다. 이 싸움 뒤에 의자왕과 백제의 많은 백성이 당나라의 포로로 잡혀갔단다. 백마강이 흐르는 산자락에 자리잡은 고란사는 주변 경관이 아름답기도 하고, 고란초와 약수로 유명하지. 고란초는 고란사 뒤의 절벽에 자라고 있어 이름 붙여진 식물이란다. 또 약수는 백제 마지막 왕인 의자왕이 즐겨 마셨다고 해서 '어용수'라 불리지.

> **후백제**
> 백제가 망한 뒤에도 백제라는 나라가 또 있었단다. 후세 사람들이 삼국시대의 백제와 비교하기 위해 '후'를 붙여 후백제라 부르지. 신라의 군인 출신인 견훤이 나라를 세우면서 백제라는 이름을 그대로 따라 썼던 이유는, 완산주(지금의 전주)를 수도로 하여 전라도와 충청도에 살았던 예전의 백제 사람들을 뭉치게 하기 위해서였단다.

충청남도

우리는 백마강을 내려다보았어요. 할아버지께서는 백마강이 700년의 역사를 가졌던 백제의 많은 이야기를 담고 있을 거라고 말씀하셨어요. 저는 우리가 여행한 백제의 모습을 담은 공주와, 부여와, 낙화암을 차례대로 떠올렸어요. 우리가 서 있는 낙화암으로 백제의 꽃바람이 불어오는 것 같았어요. 아, 아름다웠던 나라. 백제여~~.

> **고란약수 전설**
> 고란약수를 마신 한 할아버지가 갓난아기가 되었다는 재미난 전설도 있지. 할머니가 그 아기를 고이 길렀는데 나중에 큰 공을 세워 백제의 가장 높은 벼슬인 좌평의 자리에까지 올랐다는구나. 그 정도로 효험이 좋다는 뜻이겠지?

한눈에 보는 충청남도

아산 성웅 이순신축제
매년 4월, 충무공 이순신 장군의 탄신일을 기념하여 열리는 축제이다. 충무공의 유해와 관련 유적이 남아 있는 현충사와 인근 사당에서 행사가 열린다.

독립기념관
일제강점기 우리 민족의 수난과 독립 투쟁의 역사를 한눈에 볼 수 있도록 세운 기념관이다.

세종특별자치시
충청남북도 중심부에 위치하며 2012년 7월 우리나라의 17번째 광역자치단체가 되었다. 행정 기능이 중심인 '행정 중심 복합 도시'이다.

은산별신제
부여군 은산면에 전승되고 있는 마을의 수호신에게 올리는 제사다. 마을 사람들이 정성을 모아 제사를 지내고 나서 흥겨운 놀이판을 벌인다.

부여 정림사지오층석탑
백제의 석탑이 목조 건축 양식을 따르고 있음을 보여 주는 문화재이다.

부소산성
백제의 수도가 부여였을 때 쌓았던 도성이다. 성 안에 영일루, 사비루, 고란사, 낙화암 등이 남아 있다.

공산성
백제의 수도가 공주였을 때 공주를 지키던 산성이다. 이곳에서 백제, 고려, 조선의 유물이 많이 발견되었다.

지도 내 지명: 당진군(당진), 태안군(태안), 서산시, 예산군(예산), 홍성군(홍성), 아산시, 천안시, 연기군(조치원), 청양군(청양), 공주시, 계룡시, 보령시, 부여군(부여, 낙화암, 무령왕릉), 서천군(서천, 한산모시), 논산시, 금산군(금산), 안면도

특산물/상징: 굴, 새우젓, 호두, 밤, 유성배, 인삼

충청남도를 그려 보아요

- 점선을 따라 충청남도 지도를 완성하세요.
- 충청남도의 명소와 특산물에 스티커를 붙여 보세요.
- 각 시군마다 다른 색을 칠하고 이름도 써 보세요.

충청남도

충북은 우리 땅의 배꼽이야

충청북도는 우리나라 가운데에 있어요.

영남(경상남도)과 호남(전라도)을 구분 짓고

조선 시대부터 지금까지 전국을 이어 주는

역할을 해 온 지역이에요.

대전에 있는 고모집 거실에서 모처럼 아침에 하는 만화를 낄낄거리며 보고 있는데 갑자기 '으아악' 하는 비명소리가 들렸어요. 어? 이 소리, 윤재의 목소리인데 모기를 수십 마리라도 봤나?

윤재	고모, 할아버지, 누나~. 나 꿈 꿨어. 글쎄 바닷가에서 수영하고 있는데 커다란 상어가 내 다리를 물고 놓질 않는 거야. 오늘은 절대 바다에 가면 안 되겠어.
할아버지	윤재야, 대전과 충청북도는 바다가 없는 곳이란다. 우리나라는 반도라서 삼면이 바다와 닿아 있지만, 대전과 충북은 둘레가 거의 산이고 가운데에 평야가 있어서 유일하게 땅만 볼 수 있는 곳이지.
희원	할아버지, 충청북도는 우리나라 가운데에 있네요?
할아버지	그렇지. 우리 몸의 중심에 있는 배꼽처럼 충청북도는 우리나라의 중심 역할을 한단다. 그래서 교통도 잘 발달되어 있지.

거실 바닥에 펼쳐진 우리나라 전도를 보니 충청북도 위로는 경기도와 강원도, 왼쪽으로는 충청남도, 오른쪽으로는 경상북도, 아래로는 전라북도와 경상남도가 있었어요.

충북의 교통
충북을 지나는 철도 가운데 경부선은 서울에서 부산까지, 중앙선은 서울에서 경주까지, 태백선은 충북 제천에서 강원 태백까지, 충북선은 경부선의 조치원역에서 중앙선의 봉양역까지 이어져 있단다. 고속도로로는 경부고속도로와 중부고속도로가 시원스레 뚫려 있으며 청주에는 청주국제공항이 있어 하늘을 나는 여행도 즐길 수 있지.

할아버지   대전을 옛날에는 '한밭'이라고 했다는구나. 우리말로 '큰 밭'이라는 뜻이란다. '큰 대(大)'와 '밭 전(田)'을 합하여 대전이 된 거야. 대전은 우리나라 6개 광역시 가운데 하나이자 교통의 중심지로써, 전국을 잇는 큰 도시의 역할을 하고 있단다.

희원   할아버지, '호남, 호서' 할 때 호서 지방은 어디인가요?

할아버지   충청북도와 충청남도를 합쳐서 호서 지방이라 부르지. '호서'란 호수의 서쪽을 말하는데 그 호수는 삼한 시대부터 있었던 제천의 의림지를 말한단다. 비록 바다를 볼 수 없지만 속리산, 월악산, 소백산의 국립공원들이 있고 단양팔경과 충주댐, 충주호, 대청댐, 탄금대 등 경치가 좋은 곳이 많지.

윤재   어, 단양팔경을 어디서 들어 본 것 같은데······.

희원   들어 보긴. 작년 봄에 도담삼봉에 갔었잖아. 할아버지, 봉우리들이 멋있게 솟아 있었어요. 아빠는 도담삼봉이 단양팔경 가운데 하나라고 하셨어요. 그런데 할아버지, 단양팔경이 뭐예요?

할아버지   단양팔경이란, 단양에 있는 8개(도담삼봉, 석문, 구담봉, 옥순봉, 사인암, 상선암, 중선암, 하선암)의 빼어난 경관을 말한단다. 옛날 강원도 정선 사람들은 도담삼봉이 원래 자기네 고장에 있었는데 장마 때 단양으로 떠내려갔다면서 단양에 가서 "삼봉이 이곳에 왔으니 쌀 여섯 섬을 내라"고 했다는구나. 그러자 단양에 사는 한 아이가 "삼봉은 우리가 부른 게 아니라 제멋대로 온 것이니 도로 가져가십시오"라고 했지. 그 뒤로 정선 사람들은 아무 소리도 할 수 없었지만 여전히 도담삼봉을 지나면서 '우리 고향의 것'이라고 큰소리를 쳤다는구나.

도담삼봉!

아침을 먹고 가방 속에 간단한 도시락을 챙기고 할아버지 뒤를 쫓아갔어요. 저 멀리 이상한 뿔 모양의 탑이 보였어요. 이곳이 대전 엑스포공원이래요. 와! 우리 동네의 작은 공원과는 비교가 안 될 정도로 굉장히 넓은 곳이었어요.

한빛탑

윤재   할아버지, 엑스포가 무슨 말이에요?

할아버지   엑스포는 과학 올림픽이자 만국박람회를 말하지. 세계 여러 나라에서 자기 나라의 첨단 기술이나 고유의 풍물을 보여 주는 행사를 말한단다. 대전 엑스포공원은 1993년에 열렸던 대전 세계박람회를 기념하기 위해 지은 테마공원이지. 지금은 과학을 학습하는 장소로 자주 이용되고 있단다. 근처에 대덕연구단지, 국립중앙과학관, 화폐박물관이 있어 더욱 볼거리가 많은 곳이지.

희원   할아버지, 대덕연구단지는 어떤 곳이에요?

할아버지   과학 기술과 관련된 연구기관, 교육기관, 공공기관, 정부투자기관 등이 모여 우리나라 과학의 발전을 위해 일하는 곳이란다.

우리는 미래 생활을 보고 즐길 수 있는 테크노피아관을 신나게 구경했어요. 날은 더웠지만 또 밖으로 나와 쉬지 않고 이곳저곳을 돌아다니다가 근처 놀이공원에서 열심히 놀았지요. 한참 뒤 우리는 갑천엑스포다리에 가서 쉬었는데 그곳에는 낚시를 즐기는 어른부터 잔디에서 뛰어노는 어린이들까지 바람을 쐬러 온 사람으로 가득 차 있었어요.

국립중앙과학관
우리가 밟고 있는 땅에서부터 먼 우주까지 우리와 함께 숨쉬고 있는 모든 것이 과학이란다. 과학관은 그런 과학의 이야기를 풀어 놓은 곳이지. 여기에서는 과학 영화 관람과 다양한 실험, 과학 문화재 탐방 등을 하면서 과학을 재미있게 배울 수 있단다.

화폐박물관
우리나라 최초의 화폐전문박물관이란다. 우리나라 화폐 천 년의 역사와 세계의 다양한 화폐를 전시해 놓았지. 너희가 갖고 있는 돈이 위조지폐인지 아닌지 알아볼 수 있는 체험도 할 수 있단다.

희원　오늘 진짜 재밌었어요. 다음에 여기 또 오고 싶어요.
윤재　누나, 밥은 먹고 얘기해야지. 밥알 튀어 나오겠다.
할아버지　너희가 재미있었다니 할아버지도 기분이 좋구나. 온달산성도 갔으면 좋았을 텐데 아쉽구나.
희원　할아버지, 온달산성의 온달이 바보 온달이에요?
윤재　울보 평강공주가 울 때마다 아버지가 '너 그렇게 울면 온달에게 시집보낸다'라고 말해서 결국 평강공주와 온달이 결혼했다는 얘기? 말도 안돼. 누나, 그건 동화야.
할아버지　윤재야, 그 동화 속의 온달 장군이 신라의 침입을 막기 위해 쌓은 성이 온달산성 맞단다. 평강공주의 아버지인 고구려의 평원왕은 바보인 줄만 알았던 온달의 뛰어난 재능을 발견하고 장군으로 임명하게 되었지. 평원왕이 죽고 영양왕이 고구려를 다스릴 때 온달은 신라에 빼앗긴 한강 유역을 되찾기 위해 싸우다 신라군의 화살을 맞고 죽고 말았단다. 온달이 죽은 곳이 바로 온달산성이지. 온달은 빼앗긴 땅을 찾지 못하면 돌아오지 않겠다고 했어. 그래서인지 온달 장군이 죽은 뒤 아무리 힘을 써도 관이 움직이지 않았다는구나. 평강공주가 관을 어루만지며 '죽고 사는 길이 이미 갈라졌으니 마음 놓고 돌아가시오'라고 말하니까 관이 비로소 움직였다는 전설이 내려온단다.
희원　할아버지, 온달산성은 어디 있어요?

할아버지	단양에 있지. 동쪽으로 소백산이 보이고 남한강이 보이는 높은 곳에 돌로 둘러쌓아 만들었단다. 성 안에서 삼국시대의 것으로 보이는 유물과 우물터와 배수구가 발견되었지. 그동안은 사람들의 관심에서 멀어지고 있었지만 최근에 드라마 촬영 장소로 알려지면서 관광지로 관심을 끌고 있더구나. 그러고 보니 탄금대도 있구나. 탄금대에 얽힌 얘기도 해 주마. 신라 땅 옆에 있던 가야국에 우륵이라는 음악가가 있었단다. 가야 가실왕의 총애를 받았던 우륵은 왕의 명을 받들어 가야금이라는 악기를 만들었지. 그러나 가야가 망하자 제자 이문을 데리고 신라로 가게 되었어. 신라의 진흥왕 역시 재능 있는 그를 반겨 주었지만 우륵은 탄금대에 올라 그리운 고향을 바라보며 가야금을 탔단다. 우륵이 가야금을 탔다고 해서 '탄금대'라고 불리게 되었지.
희원	할아버지, 온달 이야기도 탄금대 이야기도 슬퍼요. 왜 전설은 다 슬픈지 모르겠어요.
할아버지	사람들이 슬픈 이야기에 마음을 움직이기 때문이 아닐까? 할아버지의 이야기로 희원이의 마음이 슬퍼진 것처럼 말이지.

가야

가야는 기원전·후부터 낙동강 하류 지역에 있던 6개의 연맹 국가란다. 원래 9명의 '간'이 다스리던 지역에 '수로'라는 사람이 가야를 세우고 왕이 되었지. 수로를 포함한 여섯 왕이 대가야, 성산가야, 아라가야, 고령 가야, 금관 가야, 소가야로 나누어 다스렸어. 가야는 우수한 제철 기술로 '철의 왕국'이라 불렸지만 6세기에 신라에 의해 무너졌단다.

탄금대와 충주

탄금대는 충청북도 충주시에 있단다. 충주는 탄금대 외에 역사적 가치가 있는 유물과 유적이 많은 지역이지. 고구려 장수왕의 남하 정책으로 세운 남한 유일의 고구려비인 중원 고구려비와 삼국시대에 축성된 충주산성과 충렬사, 충주댐 등이 있단다.

할아버지께서는 충북 진천에서 매년 10월마다 열리는 생거진천 문화축제에 대해서도 알려 주셨어요. 진천은 예로부터 들이 넓고 물이 좋아 농사가 잘 되고 특산물이 풍부해서 살기 좋은 곳이라는 뜻의 '생거(生居)'라고 불렀다고 해요. 그러다가 진천이 김유신 장군의 탄생지이며 화랑정신의 발원지라는 것이 알려지면서 생거진천 문화축제가 열리게 되었대요.

희원   윤재야, 할아버지께 김유신 장군 안 물어 봐? 너, 장군 좋아하잖아.

윤재   그렇지 않아도 물어 보려고 했다고!

할아버지   김유신은 열다섯 살에 신라의 화랑이 되어 당나라와 힘을 합쳐 백제를 멸망시키고 고구려를 정벌하기도 했던 뛰어난 장군이란다. 그 뒤 당나라가 자꾸 신라의 일에 간섭하자 신라의 모든 힘을 기울여 당나라를 내쫓고 삼국통일을 이룩하는 데 큰 힘을 보탰지.

희원   할아버지, 화랑이 뭐예요? 미술관을 화랑이라고 하는데 그건 아닌 것 같고, 잘 모르겠어요.

할아버지   화랑은 '꽃처럼 아름다운 남자'라는 뜻이지. 신라의 유명한

장군들은 거의 화랑 출신이었단다. 원래 화랑이
아니라 '원화'라는 여자들의 단체였는데 단장이었던 두
원화가 서로를 질투해서 안 좋은 일이 생기자 신라의 진흥왕이
원화를 화랑으로 바꾸었단다. 화랑은 누구나 될 수 있는 것이
아니라 신라의 가장 높은 계급인 진골만이 될 수 있었지. 대부분
나이가 열다섯 살부터 열여덟 살까지로 단체 생활을 하면서
몸과 마음을 단련하고 전쟁이 나면 나라를 위해 싸웠단다.

윤재 와! 멋지다. 영화에서 보면 젊은 아저씨들이 하늘을 날면서
칼싸움을 하던데 화랑들도 그렇게 무술 연습을 했을 것 같아.
그렇지, 누나?

희원 글쎄……. 하늘을 나는 건 좀~ 못 믿겠어.

> **진골**
> 신라 시대에는 '골품'이라는 신분제도가 있었단다. 골품제는 성골과 진골이라는 '골' 신분과 6두품에서 1두품까지(숫자가 작을수록 낮은 신분) 6등급의 신분, 그리고 그 아래 평민 신분으로 구성되어 있었지. 당시에는 신분이 낮으면 재능이 있다 해도 벼슬에 오를 수 없었단다.

윤재와 저는 아침에 거실 바닥 위에 펼쳐 놓은 충청북도의 지도를
다시 보았어요. 맞아, 엄마가 그랬어요. 배 속의 아기는 배꼽을 통해
자란다고요. 그만큼 배꼽이 중요하다고요, 우리나라의 가운데에 있는
충청북도가 아주 중요한 역할을 하고 있다는 것을 오늘 할아버지의
말씀을 통해서 알 수 있었어요.

충청북도를 그려 보아요

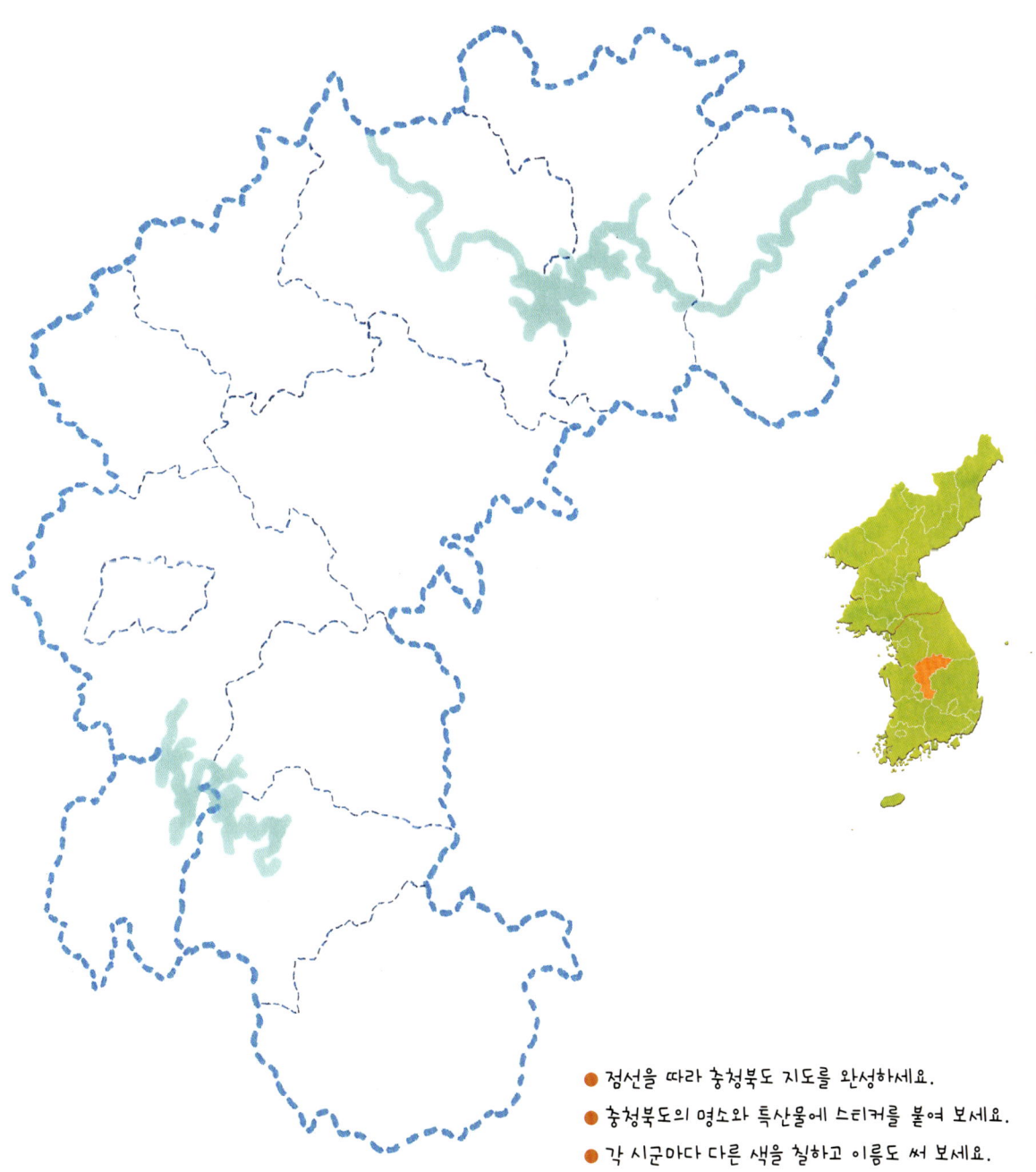

● 점선을 따라 충청북도 지도를 완성하세요.
● 충청북도의 명소와 특산물에 스티커를 붙여 보세요.
● 각 시군마다 다른 색을 칠하고 이름도 써 보세요.

전북은 전통이 살아 있어

'전라'는 전주와 나주라는 도시의 첫 글자를 따서 만든 이름이에요. 행정구역상 북쪽을 전라북도, 남쪽을 전라남도로 나누었지요. 전라도는 호수의 남쪽에 있어서 '호남'이라고도 부르는데, 이 호수는 백제 시대에 만들어진 저수지, 김제의 벽골제를 말해요.

조선왕조를 연 태조 이성계의 어진을 모신 곳이란다.

전라북도

우리는 전주 가는 기차를 타기 위해 서대전역으로 갔어요. 큰고모는 자주 놀러 오라며 저와 윤재의 손에 용돈을 쥐어 주셨지요. 고모, 진짜 진짜 고맙습니다. 용돈이 생겨서 무지 기뻤어요. 역에 도착한 우리들은 버스를 타고 전주의 남문이라는 풍남문을 돌아 경기전에서 내렸어요.

윤재   와, 대나무 숲이 너무 멋져요.
할아버지   이곳 경기전은 조선의 태조인 이성계를 모시기 위해 태종 때 지어진 건축물이지. 전주는 후백제의 도읍지이자 조선 왕조의 발생지라 여겨지는 도시란다. 우리나라의 천 년 역사와 전통을 잘 간직하고 있는 도시지.

우리는 경기전 정전에서 조선 시대 왕들의 초상화를 천천히 보고 근처 전통공예품을 파는 가게들을 둘러보다가 '향단이가 입어도 예쁜 우리 옷'이라고 카드를 걸어 놓은 개량 한복집 앞을 지나게 되었어요.

전주
삼국사기 기록에 의하면 백제 시대 전주의 옛 지명은 완산이었단다. 신라가 삼국을 통일한 뒤부터 전주라고 불렸지. 백제가 망하고, 900년에 견훤은 전주에 후백제를 세웠는데 이는 전주성을 통해 알 수 있단다.

지도를 그려 볼까? 117

윤재 　할아버지, 향단이가 누구예요?

희원 　윤재야, 춘향이 친구 향단이 몰라?

윤재 　아! 향단이, 알아. 근데 향단이가 춘향이 친구야? 하인 아냐?

희원 　친구 같은 하인이라고 할 수 있지, 뭐.

할아버지 춘향이가 그네를 타면서 이몽룡과 처음 만났던 광한루가 전북 남원시에 있지. 춘향전은 우리 민족의 대표적인 사랑 이야기란다.

'학교종' 노래에서 가사만 바꾸면 되지?

'남원 광한루' 노래 사회 시간에 배웠어요.

'조선 시대 건축물 남원 광한루
춘향이와 이도령 만난 곳이지
연못 위에 놓여진 다리 오작교
견우 직녀 까치들 생각나는 곳'

남원에서는 매년 음력 5월이면 춘향이의 얼을 기리기 위해 춘향제를 열지. 희원이가 조금 더 커서 춘향 그네뛰기 대회에 나가면 좋겠구나!

윤재   누나가요? 크크. 누나같이 터프한 여자들이 나가면 그네줄이 끊어질걸요. 누나가 춘향이가 되는 것보다 제가 이몽룡이 되는 게 더 쉬워요.

희원   쳇! 할아버지, 사회 시간에 남한 광한루 노래 배웠어요. 제가 한번 불러 볼게요.

윤재   그러고 보니 전주에서 판소리 축제가 유명하다는 말을 들은 것 같아요.

할아버지   전주대사습놀이를 말하는구나. 우리나라의 소리 문화를 이어 가는 전국 최고의 권위를 자랑하는 축제란다. 판소리 경연뿐만 아니라 가야금 산조, 농악, 민요 등 다른 종목도 많아. 판소리는 세계적으로도 가치를 인정받아 유네스코 인류 구전 및 세계 무형유산으로 선정되어 있지.

희원   앗! 한지다. 우리 반 친구 소연이가 전주에서 샀다고 한지로 만든 열쇠고리를 준 적이 있는데 종이가 어쩌면 그렇게 예쁘게 변신할 수 있는지 신기했어요.

할아버지   아무렴! 할아버지는 한지로 만든 물건들을 아주 좋아하지. '무구정광대다라니경'이라고 불국사 삼층석탑(석가탑)에서 발견된 세계에서 가장 오래된 목판 인쇄물이 있단다. 무려 1200년 넘게 보존되었다고 하니 닥종이를 원료로 한 한지가 얼마나 우수한 종이인지를 알 수 있지. 여기 전주에서는 한지로 만든 다양한 전통공예품을 볼 수 있단다.

전라북도

한지
한지는 한옥에서 창문으로도 사용되는데 여름에는 찬 공기를 통하게 하고 겨울에는 더운 공기가 쉽게 나갈 수 없도록 해 준단다. 또 따가운 햇볕을 걸러 주기도 하지. 우리 조상들은 겨울에 한지를 옷 속에 넣어서 따뜻함을 더 하기도 했어. 또 한지는 겨울바람에 띄우는 연을 만들 만큼 가볍단다. 그래서 한지로 만든 책은 다른 종이로 만든 것보다 월등히 가볍지. 특히 닥나무로 만든 한지가 가장 질기고 오래간단다.

다음 날 우리는 고속버스를 타고 고창으로 갔어요. 할아버지께서는 고창이 바다와 들판을 같이 볼 수 있는 훌륭한 경치를 담은 곳이라고 하셨어요. 버스를 한 번 더 갈아타고 자연의 돌로 쌓았다는 고창읍성에 도착했어요. 햇볕은 뜨겁지 않아도 후덥지근한 날씨에 온몸이 끈적거렸어요. 우리를 맞이하는 고창읍성 둘레의 돌들은 초록 잎 옷을 입고 있었어요.

지도를 그려 볼까? 119

고창의 고인돌
고창은 우리나라 최대의 고인돌 유적지란다. 고인돌은 크게 북방식 고인돌과 남방식 고인돌로 나뉘는데, 북방식 고인돌은 2개의 고임돌 위에 덮개돌을 얹은 탁자 모양을 말하고 남방식 고인돌은 바둑판과 같이 생긴 돌을 땅에 눌러 놓은 것을 말하지. 대부분 북쪽에서 한강 유역까지만 있는 줄 알았던 북방식 고인돌이 남쪽에서도 발견되어 북방식이 남쪽에 전해 내려왔다는 것을 알 수 있었단다. 그래서 고창에는 대부분 남방식 고인돌이 많지만 몇몇 북방식도 눈에 띄지.

윤재 : 저 할머니는 왜 돌멩이를 머리에 이고 가시는 거예요?

할아버지 : 답성놀이를 하고 계신 거란다. 손바닥만 한 돌멩이를 머리에 이고 성을 세 번 돌면 좋은 일이 생긴다고 하지. 놀이가 끝나면 머리에 이었던 돌들을 한곳에 모아 두었는데 나중에 전쟁이 일어나면 무기로 사용했다고 하더라.

희원 : 와! 유비무환, 미리미리 준비하는 거네요. 우리 조상들은 정말 지혜로우셨던 것 같아요. 그런데 할아버지, 읍성은 왜 만들었나요?

할아버지 : 읍성은 지방 관청과 민가를 둘러쌓은 성으로, 여러 가지 기능이 있지만 특히 군사적으로 외적이 침입했을 때 방어하는 역할을 했단다. 읍성은 고려 시대부터 지어졌지만 조선 시대에 와서 가장 많이 지어졌지. 여기 고창읍성은 세종부터 단종 시기에 지어졌다고 하더구나. 다른 읍성들에서는 평상시에 마을 주민들이 살았지만 고창읍성에서는 원님만 살았단다.

우리는 점심을 먹고 동학농민혁명기념관을 가기 위해 버스를 탔어요.
윤재는 버스에 타자마자 코를 골았어요. 조용히 창밖을 보고 있는데
할아버지께서는 저에게 고창에 있는 선운사 얘기를 해 주셨어요. 그리고
할아버지께서 가장 좋아하는 시인이 선운사를 소재로 쓴 시라며 수첩에
적혀 있는 시도 보여 주셨답니다.

선운사 골짜기로
선운사 동백꽃을 보러 갔더니
동백꽃은 아직 일러 피지 않았고
— 서정주 시인의 〈선운사 동구〉 중에서

할아버지 할아버지는 선운사의 동백꽃보다 더 예쁜 꽃은 못 본 것 같다.
아니지. 우리 손녀 희원이가 동백꽃보다 더 예쁘지.

히히. 할아버지께서 예쁘다고 하시니까 기분이 너무 좋았어요. 저도
할아버지가 이 세상 어떤 할아버지보다 가장 멋지다고 생각해요.
이렇게 여행을 같이 다닐 수 있도록 건강하게 오래오래 사세요.
그런데 윤재의 코 고는 소리가 장난이 아니에요.
탱크 소리를 들어 본 적은 없지만, 마치 탱크가
지나가는 것 같았다니까요.

할아버지 자, 여기가 녹두장군 동학농민혁명기념관이다.

윤재 녹두장군이요? 이순신 장군, 김유신 장군처럼 전봉준 장군이 아니고 왜 녹두장군이에요?

할아버지 동학 지도자였던 전봉준은 양반의 신분으로 나라를 위해 일한 장군이 아니라 백성의 신분으로 백성을 위해 싸운 장군이었기 때문이란다. 백성들은 전봉준의 어릴 적 별명인 '녹두'를 붙여 녹두장군이라고 불렀지. 당시 정읍의 고부를 다스리던 관리 조병갑은 '만석보'라는 저수지를 만들고 엄청난 세금을 받아 농민들을 괴롭혔단다. 전봉준과 농민들은 고부 관아를 점령하고 양반들의 횡포에 맞서 싸우게 되었어. 이들이 바로 동학농민군이야. 그 규모가 점차 커지자, 정부는 청나라에 도움을 구했는데 청나라는 물론 일본도 대규모 군대를 우리나라에 보냈지. 하지만 다행히 두 나라와는 상관없이 정부와 동학 농민군은 '전주화약'이라는 평화협정을 맺었단다.

윤재 그럼 다 잘 된 거예요?

할아버지 불행하게도 그렇지 못했단다. 얼마 뒤 일본군이 경복궁을 습격하여 자신들이 지배하기 쉽도록 갑오개혁을 성사시키고, 우리 땅에서 청·일 전쟁을 일으켜 승리했거든. 동학농민군은 이번에는 나라를 위해 다시 모여 공주 우금치에서 일본군과 싸웠지만 신식 무기를 가진 그들을 이길 수는 없었지. 우금치 전투에서 살아남은 농민군들은 뿔뿔이 흩어졌고 동학 지도자들 역시 숨어 지내야 했어. 안타깝게도 전봉준은 옛 부하의 밀고로 붙잡혀 사형을 당했단다.

윤재 할아버지, 저 분이 전봉준 장군이에요?

윤재의 손가락이 가리키는 곳에는 전봉준 장군 동상이 우뚝 서 있었어요. 그 동상은 뭔가를 크게 외치고 있는 것 같았어요.

전봉준 장군 동상

할아버지 애들아, 이 노래를 잘 들어 보렴.

새야 새야 파랑새야
녹두밭에 앉지 마라.
녹두 꽃이 떨어지면
청포 장수 울고 간다.

할아버지께서 부르신 민요의 녹두밭과 녹두꽃이 무엇을 말하는지 알 것 같았어요. 그리고 농민들은 녹두장군님이 돌아가셨을 때 정말 가슴 아팠을 것 같다는 생각이 들었어요.

한눈에 보는 전라북도

익산 미륵사지석탑
우리나라에서 가장 오래되고 규모가 큰 석탑. 백제 무왕이 세운 미륵사라는 절터에 있고 우리나라 석탑 중 최고의 걸작으로 손꼽힌다.

위봉산성
변란이 일어났을 때 백성들을 대피시키고, 태조 이성계의 영정을 모시기 위해 조선 숙종 때 지은 성으로 완주군에 있다.

선운사
도솔산에 있는 사찰로 백제 위덕왕 때 지어졌다. 붉은 동백꽃으로 유명하며 도솔암 마애불, 금동보살좌상 등이 보물로 지정되어 있다.

금산사 미륵전
김제의 모악산에 있으며 우리나라에 남아 있는 유일한 3층 법당이다. 내부에는 미륵삼존입불이 있다.

내소사 고려 동종
부안군 내소사에 있으며 고려 후기에 만들어진 대표적인 구리 종이다.

무주군 · 무주
진안군 · 진안
장수군 · 장수
완주군
전주시 · 경기전 · 한지
임실군 · 임실 · 고추 · 고추
남원시 · 광한루 · 목기
순창군 · 순창
익산시 · 보석
김제시
정읍시
군산시
부안군 · 부안
고창군 · 고창 · 고창읍성

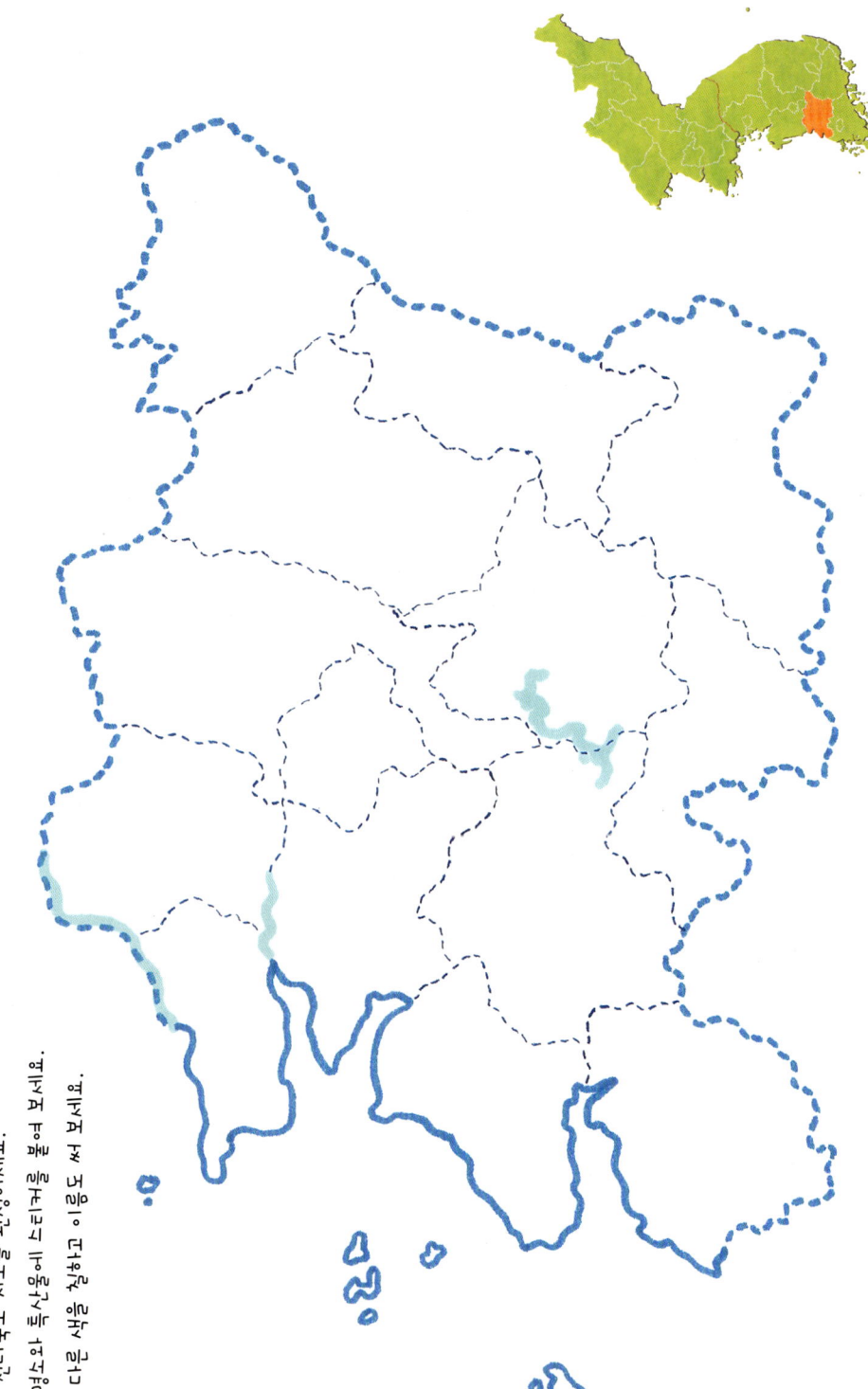

전라북도

전라북도 그리기

- 평야와 바다가 만나는 서쪽 부분부터 그린다.
- 섬진강 줄기를 따라 남쪽 경계선을 그린다.
- 북쪽과 동쪽의 구불구불한 경계선을 그린다.

지도를 그려 볼까? 125

전남에는 반짝이는 섬들이 가득해

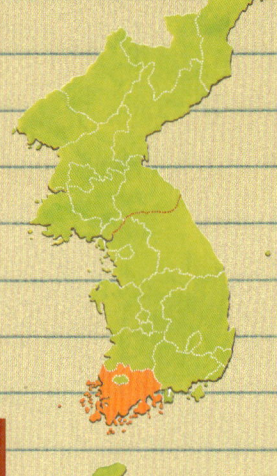

'전라도'라는 이름은 고려 현종 때부터
사용되었어요. 조선 초기에 충청도, 경상도,
전라도가 남북으로 나뉘면서 지금처럼
전라남도라고 부르게 되었지요.
전라남도의 북쪽에는 노령산맥을 사이에 두고
전라북도가 있고, 동쪽에는 섬진강과 지리산이
있으며, 서쪽은 서해와 닿아 있고, 남쪽에는
푸른 남해 속에 많은 섬이 있어요.

기차를 타는 것은 재미있어요. 양쪽으로 창이 있어서 바깥 경치가 시원스럽게 한눈에 보이고요, 사람들이 앉아 있는 의자 사이를 걸어가면 몸이 흔들거리는 것이 마치 놀이기구를 타는 것 같아요.
가장 좋은 것은 뭐니뭐니 해도 기차 안에서는 군것질을 할 수 있다는 사실! 할아버지, 과자 하나만 사 주세요. 네? 어, 그런데 벌써 순천역이네.

할아버지 희원아, 윤재야. 자전거 타러 가자.
윤재   앗싸! 어디 가서요?

우리는 순천만 자연생태공원과 제방 도로를 자전거를 타고 달렸어요. 옷 사이로 들어오는 바람이 짱 시원했어요. 할아버지께서는 저 멀리 보이는 갈대숲이 다 갯벌이라고 말씀하셨어요. 서해와 남해를 끼고 있는 전라남도에는 넓게 펼쳐진 갯벌은 없지만, 군데군데 흩어진 갯벌이 많아서 그 면적을 모두 합하면 우리나라에서 최고래요.
자전거에서 내려 우리는 갈대숲 사이로 만든 나무 길을 걸었어요.

희원   윤재야, 이리 와 봐. 여기에 뭐가 꿈틀거려. 저것 봐. 신기하게 생겼다.

전라남도

만과 리아스식 해안
육지 속으로 움푹 들어온 바다를 '만'이라고 한단다. 우리나라 남해안은 해안선이 복잡해서 만이 많지. 반대로 바다쪽으로 튀어나온 땅을 '반도'라고 하는데 순천만 주위에는 고흥반도와 여수반도가 있지. 또 하나, 전라남도의 이런 들쭉날쭉한 톱날 모양 해안을 리아스식 해안이라고 한단다. 리아스식 해안은 수산물을 양식하거나 물고기를 기르기에 아주 좋지.

할아버지 짱뚱어 같은데. 순천만 갯벌 속에는 우렁, 바지락, 짱뚱어, 갯지렁이, 칠게, 농게, 방게, 꼬막 등 다양한 생물들이 살지. 밀물 때 바닷물이 들어와 있다가 썰물 때 빠져 나가면 갯벌의 진흙과 모래에는 바다의 영양분이 고루 남아 있게 된단다. 먹을거리가 많으니 이처럼 많은 생물이 사는 것이지. 풍부한 먹이와 편안한 보금자리를 찾아 흑두루미, 매, 말똥가리, 황조롱이같이 멸종 위기에 처한 철새들도 찾아온단다.

윤재 할아버지, 저기 게가 있어요. 잡고 싶어요!

할아버지 윤재야, 사람들이 갯벌에 있는 생물들을 하나씩 잡아가면 갯벌은 살아 있을 수가 없단다. 한때는 갯벌을 쓸모없는 땅이라고 생각해서 여러 가지 개발을 했지만 갯벌의 중요성을 알고부터는 지키려고 노력하고 있지.

윤재 갯벌이 왜 중요해요?

할아버지 갯벌은 하천과 바닷물을 맑게 하고 홍수를 막아 준단다. 가장 중요한 것은 생태계의 질서를 지킨다는 것이지. 갯벌이 훼손되어 그 질서가 깨지면 가장 작은 생물부터 점점 큰 생물들까지 차례로 피해를 입고, 결국 갯벌을 파괴한 사람들이 가장 큰 타격을 받게 된단다.

윤재 그런데요, 할아버지. 자전거 타고 걷고 소리를 질렀더니 배가 고파요.

갯벌

갯벌은 조류가 운반해 온 흙이나 모래들이 파도가 잔잔한 해안에 평평하게 쌓여 형성된 연안 습지를 말하지. 갯벌에는 영양분이 많아서 다양한 생물들이 살아간단다. 덕분에 사람들은 이곳에서 김, 굴 등의 수산물을 얻을 수 있지. 또 갯벌은 홍수가 나면 물을 저장하여 물살을 가라앉히고 태풍이나 해일이 일어나면 방패가 되어 육지로 갈 피해를 막아 준단다.

할아버지　아까 봤던 짱뚱어 요리 먹으러 갈까?
희원　　　갯벌을 기어 다니던 이상하게 생긴 물고기요?

우리는 식당으로 가서 짱뚱어 요리를 주문했어요. 잠시 뒤 상 위에는 짱뚱어 매운탕, 짱뚱어 튀김이 가득했지요. 배가 고파서 열심히 먹었어요. 오우~ 생긴 건 좀 이상하지만 맛은 '굿!'이었어요.
저는 순천만에 있는 갈대숲과 갯벌이 보물창고 같다는 생각이 들었어요. 살아 있는 자연의 보물들이 가득한 보물창고요. 우리는 나무 길 끝까지 걸어갔어요. 넓은 바다에 떠 있는 작은 배들이 보였어요. 왜 이렇게 기분이 좋은 건지. 야호~~ 새들아, 순천만으로 많이 놀러 와~~!

짱뚱어

전라남도

우리는 버스를 타고 완도의 해안 도로를 달렸어요. 파란 바다 위에는 햇빛을 받아 반짝이는 섬들이 가득했어요.

희원   윤재야, 저기 봐. 섬들이 바다 위에 떠 있는 색색의 보석 같지 않니?

윤재   응. 진짜 반짝반짝 빛나.

할아버지   우리나라에는 4400여 개가 넘는 섬이 있단다. 그 가운데 사람이 사는 섬은 500개 정도고 나머지는 사람이 한 명도 살지 않는 무인도지. 이렇게 섬이 많은 우리나라 서남쪽 바다를 '섬이 많은 바다'라는 뜻에서 '다도해'라고 한단다. 보렴. 섬이 많아서 수평선을 보기 힘들 정도지. 특히 완도는 전라남도 서남쪽에 있는 크고 작은 섬 201개로 이루어져 있어 구경거리가 많지. 너희 장보고와 청해진에 대해 들어본 적 있니?

윤재   그럼요. 장보고는 신라 때 바다를 통해 다른 나라와 무역을 해서 이름을 떨친 사람이에요. 히히. 만화책에서 본 적이 있거든요.

할아버지   그렇지. 잘 알고 있구나. 완도군 완도읍 장좌리 앞바다에 가면 둥글넓적한 장도라는 섬이 있단다. 일명 '장군섬'이라고도 불리는데, 이곳에는 통일신라 시대에 장보고가 설치했던 청해진 유적지가 있지. 국내외 학자들은 장보고를 '해상왕'이나

'무역왕'이라고 부른단다. 그 당시 장보고가 바닷길을 열어 동서양 무역에 큰 역할을 했기 때문이지. 장보고는 우리 민족 최초의 '세계인'이었단다.

희원 왜 이곳에 청해진을 설치했나요?

할아버지 장보고는 중국 당나라에서 활동할 때 해적들이 신라 사람들을 잡아 노예로 부리는 것을 보게 되었단다. 이에 장도에 청해진을 설치하고 해적을 소탕하여 신라, 일본, 당나라 3국의 해상 교역에서 신라가 주도권을 장악하는 데 큰 공헌을 했지. 청해진은 장보고가 만든 해상 왕국이라고 할 수 있단다. 장도를 중심으로 완도의 여러 곳에서 당시 화려했던 모습을 엿볼 수 있는 기와, 토기 등 여러 유물이 발견되고 있어. 또 청해진 둘레에 박아 놓았던 굵은 통나무의 흔적도 드러났다는구나. 완도에서는 매년 5월이 되면 장보고 축제를 열어 바다 문화를 널리 알리기도 하지.

우리는 차에서 내려 청해진 유적지가 있다는 장도를 바라보았어요. 신라 시대에는 왕위를 계승할 수 있는 신분이 아닌 평민은 큰 일을 하지 못했대요. 장보고는 평민으로 태어났지만 자기의 꿈을 버리지 않고 이뤄 낸 멋진 사람이에요. 장도를 바라보는 내내 가슴이 뛰었어요. 윤재와 나는 장보고 같은 세계인이 되겠다고 다짐했어요.

완도를 구경하고 광주로 향하는 버스 안에서 할아버지께서는 5·18 광주 민주화 운동에 대해 말씀해 주셨어요.

할아버지   우리나라 제5·6·7·8·9대 대통령을 지낸 박정희 대통령이 사망하자 일부 군인들이 정권을 장악하려고 했단다. 진정한 민주주의를 원했던 광주 시민들이 이에 대항하자, 군부 세력이 1980년 5월에 이들을 짓밟고 귀한 생명들을 앗아간 사건을 '5·18 광주 민주화 운동'이라고 하지. 그때 죽거나 다친 광주 사람들은 군인들에게 저항했던 학생뿐 아니라 시장판의 할머니, 길거리를 지나던 임산부 등 대부분 평범한 사람이었단다.

윤재   너무 끔찍해요. 어떻게 그런 일이 있을 수 있어요?

할아버지   사람의 목숨을 빼앗아 가면서까지 권력을 얻으려 했던, 욕심 많은 사람들이 저지른 만행이었지.

희원   저는 그 이야기를 들으니까 전봉준 장군이 생각나요. 전봉준 장군도 농민들을 못살게 한 양반들을 물리치려고 동학농민운동을 일으켰잖아요.

할아버지   그래, 그렇구나. 광주 시민들도 참다운 민주주의를 얻기 위해 군사정권에 저항했으니 말이다. 5·18 희생자들을 기리기 위해 광주 무등산이 바라보이는 곳에 국립5·18민주묘지가 마련되어 있단다. 이곳은 5·18 같은 일이 다시 일어나서는 안된다는 교육의 장이 되고 있지.

윤재   다시는 그런 일이 없을 거예요. 저 사나이, 윤재가 있잖아요.

광주 비엔날레
2년에 한 번씩 광주에서 열리는 국제 현대미술제란다. 광복 50주년과 미술의 해를 기념해서 한국 미술문화를 새롭게 하고, 광주의 예술과 전통과 민주 정신을 새로운 문화로 발전시키려고 만든 축제지.

국립5·18민주묘지에 있는 '5·18민중항쟁추모탑'

광주의 숙소에 도착하자 할아버지께서는 내일 산을 올라갈 거니까 일찍 자라고 말씀하셨지요.

희원   할아버지, 어느 산에 갈 거예요? 많이 올라가요? 전 산에 올라가는 거 별로예요. 다리만 아프고 또 내려와야 하잖아요.
윤재   에이, 누나. 그러니까 운동 부족으로 엉덩이에만 살이 찌는 거야. 나처럼 운동을 해야 골고루 통통하지. 안 그래?
할아버지   백두대간 맨 끝에 있던 지리산에 갈 거란다. 지리산은 전라북도, 전라남도, 경상남도의 3개 도와 남원시, 구례시, 하동군, 산청군, 함양군의 5개 시군에 걸쳐 있는 산이란다. 강원도의 우뚝 솟은 설악산을 '아버지의 산'이라고 한다면 둥글고 품이 넓은 지리산은 '어머니의 산'이라고 할 수 있지. 지리산의 품이 얼마나 넓은지 가 볼까?

등산은 정말 힘들었어요. 할아버지께서는 산에만 다니셨는지 별로 힘들어 하지 않으셨는데 우리 둘은 숨찬 강아지처럼 헉헉거렸어요.

할아버지   많이 힘드니? 좀 쉬었다 갈까?

희원, 윤재   네. 제발요.

할아버지   아~~ 이 산의 냄새를 맡아 보렴. 지리산은 늘 좋구나. 지리산은 백두산이 흘러내린 산이라고 해서 '두류산'이라고도 하지. 또 예부터 지리산은 흉년을 모른다고 해서 '부자산'이라고도 했단다. 그만큼 사람 살기에 적당한 곳이지. 지리산의 최고봉을 '천왕봉'이라고 하는데 남쪽에서 한라산 다음으로 높단다.

윤재   윽! 할아버지, 설마 천왕봉까지 가는 건 아니죠?

할아버지   여기에서 가면 종일 걸릴 텐데 한번 가 볼까? 하하하. 걱정 마라. 노고단까지만 올라갈 거다. 노고단은 천왕봉, 반야봉과 함께 지리산 3대 봉 가운데 하나이지. 노고단은 신라 화랑들이 심신을 단련하는 한편, 제단을 만들어 산신에게 제사를 지내던 신성한 곳이라 하더구나. 노고단에 올라가 보면 광활한 고원에 꽃이 가득 펼쳐져서 구름 아래 하늘과 가장 가까운 정원처럼 느껴질 게다.

산을 오를수록 다리는 힘이 들어도 산바람 때문에 덥지는 않았어요. 할아버지 말씀처럼 산 냄새를 맡으니 기분이 좋아지는 것 같았어요.

섬진강에 오는 요 봄
올똥말똥 저기 저 봄
바람만 살랑 산 넘어오네.
이 산 저 산 넘어간 내 님
이 산 저 산 못 넘어오고
소쩍새 소리만 넘어오며
이 골짝 저 골짝 소쩍거려
꽃 흔들어 산 밝혀놓고
꽃구경 오라 날 부르네.

— 김용택 시인의 〈섬진강에 부는 바람〉 중에서

노고단에 길게 뻗은 나무 계단과 초록빛 풀, 노란 꽃들이 너무 예뻐서 우리는 환호성을 질렀지요. 머리 위로 아주 가까이 구름이 흘러가고 있었는데 손을 올리면 닿을 것만 같았어요.

희원　와, 구불구불한 강이 지리산을 향해 오는 것 같아요.
할아버지　저 강은 섬진강이란다. 섬진강의 섬은 '두꺼비 섬(蟾)' 자인데 고려 시대 어느 장마철엔가 두꺼비가 줄을 지어 몰려들었다고 해서 붙여진 이름이지. 또 섬진강은 우리나라에서 가장 먼저 봄을 맞는 강이기도 하단다. 봄이 되면 저 강변으로 매화꽃, 산수유꽃, 벚꽃이 만발하지. 뿐만 아니라 우리나라 큰 강 가운데 가장 깨끗한 강이기도 하단다. 봐라. 마치 부드러운 강이 산과 들과 집들을 안은 것 같구나. 저 아름다운 섬진강을 지키며 아이들을 가르쳤던 김용택 시인의 시를 한 구절 들어 보렴.

'올똥말똥'이라는 말에 웃음이 나왔어요. 윤재와 할아버지와 저는 섬진강을 향해 '야호'를 외쳤어요. 아, 엄마와 아빠도 같이 왔으면 얼마나 좋았을까 라는 생각이 들었어요.

전라남도

지도를 그려 볼까? **135**

한눈에 보는 전라남도

낙안읍성
조선 태조 6년에 왜구의 침입을 막기 위해 의병들이 쌓은 성으로 지금도 실제 생활을 하는 가옥이 있는 민속마을이다.

나로우주센터
고흥에 있는 우주발사체 발사기지로 인공위성을 우주 공간으로 쏘아올리는 시설을 갖추었다. 앞으로 우주교육홍보관, 우주전문관, 국립우주체험센터 등을 더 만들 예정이다.

함평나비대축제
매년 4월, 깨끗한 자연환경을 바탕으로 자연과 환경의 소중함을 알려 주는 축제이다.

다산초당
조선 시대에 실학자 다산 정약용 선생이 유배 생활을 하며 머물렀던 곳이다.

땅끝마을
북위 34도17분21초, 우리나라 육지 상으로 최남단에 있는 곳이다.

지명 (시/군)
광양시, 여수시, 순천시, 구례군, 곡성군, 담양군, 장성군, 영광군, 함평군, 무안군, 목포시, 신안군, 진도군, 해남군, 완도군, 강진군, 장흥군, 영암군, 화순군, 보성군, 고흥군, 나주시, 광주광역시

특산물/명소
축제공품(담양), 수박(광주), 배(나주), 굴비(영광), 독차(보성), 김(완도), 참해짚(완도), 진돗개(진도)

전라남도 지도 그리기

- 전라남도 모양을 관찰해 보자.
- 아래쪽 바다 부분을 그려보자.
- 위쪽 땅 부분을 그려보자.

전라남도

지도를 그려 볼까? 137

경남에서는 이순신의 고함소리가 들리지

'경상'은 고려 시대에 이 지역의 대표적인 두 도시인 경주와 상주의 첫 글자를 따서 만든 지명이에요. 경상남도는 우리나라 동남쪽 끝에 위치하지만 이제는 서울에서 고속철도를 타고 3시간이면 닿을 수 있는 가까운 곳이 되었어요.

우리가 탄 고속버스는 전라도와 경상도를 잇는 88올림픽고속도로를 달렸어요. 먹을 것 많고 볼 것도 많은 전라도를 벗어나 이제 경상도 땅에 들어서고 있답니다. 즐거웠던 전라도여, 안녕. 이제는 경상도를 만나러 갈 거야.

할아버지   경상남도는 바다와 접해 있지만 죽령, 조령, 추풍령 같은 고개도 많은 지역이란다. 고개 남쪽에 있다고 해서 '영남(嶺南)'이라고도 불리지.

윤재   바다가 있다고요? 안 보이는데?

할아버지   고속도로에서 바다가 보일 리 없지. 윤재야, 지금 우리는 합천 해인사로 가고 있단다. 바다는 해인사를 둘러본 뒤에 갈 거야. 경상남도에는 남해, 거제, 통영 앞바다를 아우르는 아름다운 해상국립공원이 있는데 그 바다가 얼마나 아름다운지 너희에게 빨리 보여 주고 싶구나.

윤재   할아버지, 지금 당장 바다로 가면 안 돼요?

희원   또! 또! 또 서두른다. 엄마가 항상 너한테 그랬잖아. 끓을 만큼 끓어야 밥이 된다고.

엄마가 윤재를 가졌을 때 배 속에 있는 윤재를 '바다'라고 불렀다고 해요. 그래서인지 윤재는 바다를 무척 좋아해요. 바다 얘기만 나오면 저렇게 난리니 이걸 어째야 할까요?

한려해상국립공원
전남 여수시에서 경남 통영시 한산도 사이의 한려 수도 수역과 남해도, 거제도 등 남부 해안 일부를 아우르는 우리나라 최초의 해상국립공원이야. 바다와 섬, 육지가 빚어 내는 아기자기한 경관이 뛰어나지.

다도해해상국립공원
전라남도 신안군 홍도에서 여수시 돌산면에 이르는 지역이야. 우리나라 국립공원 가운데 면적이 가장 넓다고 해. 약 400여 개의 섬이 7개 지구로 나뉘어져 아름다운 풍광을 자랑하고 있어.

해인사

> 울창한 숲에 둘러싸인 해인사는 정말 웅장한 절이었어요. 지금껏 제가 본 어떤 절보다 위엄 있는 해인사를 보고 감탄했어요.

할아버지 해인사는 통도사, 송광사와 함께 우리나라 3대 사찰 가운데 하나지. 신라 시대에 창건돼 오늘날에 이르고 있는데 무엇보다 팔만대장경이 보관돼 있는 것으로 이름이 나 있단다. 목판에 부처님의 말씀을 새겨 넣은 팔만대장경은 나라를 지키겠다는 굳은 다짐이 담긴 최고의 유형문화재야.

윤재 할아버지, 어떻게 그 많은 목판을 하나하나 다, 그것도 손으로 일일이 새겼을까요?

할아버지 지금이야 인쇄술이 발달해서 그런 수고를 할 필요가 없지만 옛날에는 사람들이 직접 손으로 할 수밖에 없었어. 놀랍게도 700년이 넘은 이 목판본이 지금도 온전하게 보관돼 있단다. 목판이 보관돼 있는 이곳 장경판전은 말하자면 '숨 쉬는 집'이지. 건물 앞뒤 벽면을 따라 나무 창살이 달린 창문들이 나 있는데 위 창문과 아래 창문의 크기가 달라. 근처의 계곡에서 언제나 시원한 바람이 들어와서 안을 돌다가 반대쪽 창문을 통해 바깥으로 빠져나가게 되어 있지.

해인사의 유네스코 세계 유산
목판으로 된 팔만대장경을 긴 세월 동안 안전하게 보관해 온 가치를 인정받아 1995년 장경판전이 먼저 유네스코 세계 문화유산으로 지정됐어. 이어서 2007년에는 고려 불교문화의 결정체라 할 수 있는 팔만대장경이 유네스코 기록유산으로 지정됐단다.

옛 건물의 이름
우리 옛 건물은 누가 어떻게 건물을 사용하느냐에 따라 명칭이 다르단다. 흔히 '전'은 가장 격이 높은 건물을 말하지. 경복궁 근정전처럼 말이야. 그 다음은 당, 합, 각, 재, 헌, 루, 정의 순서로 이어지는데 건물에도 이렇게 서열이 있어서 이름만 들어도 어떤 곳인지 짐작할 수 있단다.

장경판전 내부와 창문

"이처럼 창문 크기가 다르단다."

"와, 정말 신기해요."

뒷벽 아래 창문은 아주 작아서 바닥에서 올라오는 습기를 조절하는 역할을 한단다. 벽면 역시 숯과 소금 석회를 깔아서 적당한 습기를 유지하게 했지. 그래서 나무로 지었지만 벌레도 생기지 않고 지금까지 목판을 안전하게 보관할 수 있었단다. 한때 최첨단 습기·온도 조절 장치를 갖춘 건물에 팔만대장경을 보관하려 했지만 얼마 지나지 않아 새 건물에 곰팡이가 슬기 시작해 황급히 원래대로 보관했다고 하더구나.

윤재　우와, 첨단기술이 옛 조상님들의 지혜를 못 따라가는 거네요? 새로운 기술로 거창하게 만든 것만이 좋은 건 아닌가 봐요.

할아버지　그렇지. 우리 윤재가 기특한 소릴 다 했구나. 그래서 '온고지신'이란 말이 있는 거야. 옛 것을 알아야 새 것도 알 수 있다는 뜻이란다.
전쟁 중에 해인사에 여러 번 불이 났지만 다행히 불길이 장경판전에는 옮겨 붙지 않았다고 하더구나. 아마도 팔만대장경의 영험한 힘이 아니었을까?

경상남도

팔만대장경
팔만대장경을 새길 나무 하나를 준비하는 데에는 6년의 시간이 걸렸단다. 바닷물에 나무를 3년 정도 담갔다가 다시 소금물에 쪄서 3년 동안 그늘에서 말린 뒤 그 위에 다시 옻칠을 해서 사용했거든. 또 팔만대장경을 목판에 새기는 기간이 12년 정도였다 하니 그 정성이 신비한 힘을 낼 만도 하지?

해인사가 있는 합천을 벗어나 우리는 창녕으로 향했어요. 창녕 시외버스 터미널에서 내려 택시로 갈아타고 기사 아저씨에게 우포늪으로 가자고 했지요. 우포늪은 정말 넓었어요. 한눈에 다 안 들어올 정도였다니까요. 우와!

할아버지 주변에 있는 목포, 사지포, 쪽지벌을 모두 합해서 우포늪이라고 부르니 꽤 넓지. 면적만 해도 약 70만 평에 달하는 이곳 우포늪은 우리나라 최대의 자연 습지란다. 습지는 물도 아니고 땅도 아닌 물에 젖어 있는 땅을 말하는데, 람사르 협약에 따르면 자연 그대로이거나 사람이 만들었거나 민물이거나 짠물이거나 물이 고여 있거나 흐르거나와는 상관없이 물이 완전히 빠졌을 때 깊이가 6m 이하인 곳을 습지라 한다는구나. 그래서 논이나 사막의 오아시스도 습지에 속한단다.

윤재 그런데요, 할아버지. 습지를 보호해야 한다고 하잖아요. 습지가 뭐가 좋은 거예요?

할아버지 습지는 홍수를 막고 물을 맑게 유지해 주며 다양한 생물들의 보금자리가 되기 때문이지. 또 주변의 자연환경과, 함께 살아가는 동식물의 생태를 조절하는 역할을 한단다. 현재 우포늪에는 160여 종의 새들과 물억새, 마름 같은 수생식물, 어류와 논우렁이 같은

> **람사르 협약**
> 1971년 이란의 '람사르'라는 도시에서 18개 나라가 모여 체결한, 습지의 보호와 지속가능한 이용에 관한 국제적인 약속을 말하지. 공식 명칭은 '물새 서식지로서 특히 국제적으로 중요한 습지에 관한 협약'이지만 줄여서 '습지에 관한 협약'이라고 한단다. 우리나라는 1997년에 가입을 했고 2008년에 경남 창원에서 람사르 협약 총회가 개최되기도 했지.

습지는 생태계의 균형을 위해 꼭 필요하단다.

	패각류와 물방개, 물자라 같은 수서 곤충류가 많이 살고 있단다. 큰 것은 지름이 1m가 되는 가시연꽃도 있지.
윤재	정말! 저기에 새가 엄청 많아요. 신기하다.
할아버지	우포늪은 1997년에 생태계특별보호구역으로 지정됐고 국제적으로는 1998년 람사르 협약 보존 습지로 지정됐지. 자, 이젠 좀 더 아래쪽으로 내려가 배 만드는 조선소에 가 볼까?
윤재	배요? 앗싸, 신난다. 배를 어떻게 만드는지 직접 보고 싶었어요.
희원	못 말려. 바다에 배에, 신났구나. 설마 너 거북선 만드는 걸 상상하는 건 아니겠지?

경상남도 남해의 동쪽에 있는 거제도는 우리나라에서 제주도 다음으로 큰 섬이라고 해요. 하지만 지금은 통영과 다리가 이어져 있어서 섬이라는 느낌이 전혀 들지 않았어요.

거제도에는 큰 조선소 두 곳이 있대요. 우리나라가 세계 선박 생산 1위부터 5위를 모두 차지하는 조선 강대국이라니 놀라워요. 우리나라의 한 기업인은 조선소를 만들기도 전에 배를 만들어 주겠다는 계약을 맺고 조신소 짓는 돈을 빌렸다고 해요. 역시 거북선을 만든 이순신의 후예답죠?

여러 생물이 사는 습지를 보호해야겠어요.

이제 배 보러 가요!

경상남도

지도를 그려 볼까?

희원 할아버지, 저기 놓여 있는 철판으로 배를 만드는 거예요? 너무 커서 배가 어느 정도 크기인지 짐작이 잘 안 돼요.

할아버지 짐작이 안 가는 게 당연하지. 이곳은 공장 부지만 130만 평이나 된다고 하는구나.

윤재 이렇게 큰 배를 만들어서 어떻게 바다로 내보내요?

할아버지 배를 띄워야 하니까 조선소가 바닷가에 있겠지? 배를 만들 때 우선 큰 독을 만든단다. 그 안에서 배의 각 부분을 만들어 페인트칠까지 마치면 그것들을 차곡차곡 쌓고 연결해서 배 모양을 만드는 거지. 배를 다 만들면 독 안에 물을 채워 띄운 다음에 예인선으로 그 배를 끌어낸단다.

희원 배를 만드는 독이라면 무지무지 크겠죠?

할아버지 만약 길이가 300m쯤 되는 배를 만든다고 하면 배가 들어가는 독의 크기는 축구장 크기의 8배쯤 된다고 하는구나. 또 배를 만들 때 사용하는 크레인 가운데 가장 큰 골리앗 크레인의 높이가 아파트 30층 높이가 된다니까 얼마나 클지 할아버지도 짐작이 안 되는구나. 여기서 멀지 않은 곳에 옥포대첩기념공원이 있지. 이순신 장군의 발자취를 볼 수 있는 곳이란다.

옥포 앞바다를 훤히 내려다 볼 수 있는 옥포루에서 윤재와 나는 바다 냄새를 맡으며 기지개를 켰어요.

희원	할아버지, 조금 전에 둘러본 조선소가 저기 바로 건너편에 보여요. 이순신 장군이 왜선을 격파한 곳에 이제는 세계 최고의 조선소가 들어서 있어요.

할아버지	그러고 보니 그렇구나. 옥포는 임진왜란이 일어난 뒤 이순신 장군이 처음으로 승리를 거둔 곳이지. 옥포해전에서 조선은 왜적보다 불리한 조건이었지만 이순신 장군의 치밀한 계획으로 승리할 수 있었단다. 옥포에서는 매년 이순신 장군 제례와 옥포대첩기념제전이 열리지. 이순신 장군은 무관이었지만 전술은 물론 성품이 훌륭했다고 해. 미국의 해군사관학교에서 장교 교육을 할 때 이순신 장군에 대해 다룰 정도란다. 특히 부하에 대한 배려는 놀라워서 일개 노비 출신 병사의 이름까지도

경상남도

정확하게 전사자 목록에 넣었다고 하는구나.
윤재   역시, 이순신 장군은 멋져.
할아버지   할아버지가 그 옛날 이순신 장군이 지으셨던 시 한 수 읊어 볼까?
이순신 장군의 나라 사랑하는 마음이 느껴지는 시란다.

*한산섬 달 밝은 밤에 수루에 홀로 앉아
큰 칼 옆에 차고 깊은 시름 하는 차에
어디서 일성호가는 남의 애를 끊나니*

옥포루에 올라 남해의 푸른 물결을 바라보며 이순신 장군이 읊었던 시를 떠올려 보니, 마치 우리가 남해를 책임지는 장군이 된 것 같은 기분이었어요. 아름다운 남해, 멋진 우리 땅을 더 사랑해야겠다는 생각이 들었어요. 저 멀리 바다 어딘가에서 아련하게 이순신 장군의 우렁찬 고함소리가 들리는 듯했어요.
이번에는 발걸음을 거제 시청 쪽으로 돌렸어요. 아직 끝나지 않은 분단의 역사를 떠올리게 하는 거제포로수용소 유적공원에 가기로 했거든요.

할아버지   우리 역사의 슬픔과 아픔이 있는 곳이구나. 이곳은 1950년 우리나라가 한국전쟁의 소용돌이 속에 휩싸였을 때 전쟁 포로들을 수용하기 위해 만든 곳이란다.
희원   같은 민족끼리 싸움을 했다는 게 가슴 아파요.
할아버지   그렇지. 한국전쟁은 우리 역사에서도 크나큰 비극이란다. 전쟁이 진행되면서 포로가 많아지자 포로들을 수용하기 위해 유엔이 이곳 거제도에 포로수용소를 만들었지.
희원   예전에 실제로 사용했던 건물이 그대로 남아 있대요.
윤재   옛날 사진을 보니까 굉장히 넓어 보여요.
할아버지   그렇구나. 지금은 유적공원이 되면서 많이 축소됐지만 1951년 당시에는 인민군 포로가 15만, 중공군 포로가 2만 명 등 최대 17만 명이 넘는 포로들이 수용됐었다고 하니까 꽤 큰 규모였지. 많진 않았지만 여성 포로도 있었다는구나.

거제포로수용소 유적공원

희원　할아버지, 여기 사진을 보니 포로들끼리도 서로 싸움을 했나 봐요.
할아버지　북한의 공산주의에 동조하는 사람들과 남한 체제를 옹호하는 사람들이 전쟁 포로가 되어 같이 갇혀 있는 상황이니 충돌이 잦을 수밖에. 심지어 포로수용소를 관리하는 미국 준장이 공산주의를 옹호하는 포로들에게 잡혀서 감금되는 일도 있었으니 사태가 꽤 심각했던 것 같구나.
윤재　아, 좀 무섭다.
희원　에? 매일 플라스틱 총 가지고 전쟁놀이하면서 무서워하긴.
윤재　그렇긴 한데……. 와서 이렇게 보니까 총 들고 싸우는 게 별로 좋은 건 아닌 것 같아. 전요, 전쟁에 대한 기록은 전쟁기념관에서만 볼 수 있을 줄 알았어요. 이렇게 우리나라 여러 곳에 흔적이 남아 있을 줄은 몰랐어요.
할아버지　그러고 보니 경남은 전쟁과 관련된 다양한 유적이 있는 곳이구나. 불교의 힘으로 나라를 지키기 위해 만든 팔만대장경도 있고, 왜적과 싸운 이순신 장군의 흔적이 있는가 하면, 분단의 상처를 고스란히 안고 있는 포로수용소도 있고……. 잘 살펴봤으니 전쟁이 없는 세상을 너희가 만들어야겠지.
윤재 희원　네, 할아버지!

한눈에 보는 경상남도

진주 촉석루
진주 남강에 접한 벼랑 위에 자리 잡은 누각. 임진왜란 때 논개가 왜장을 안고 물에 빠져 순국한 곳으로 유명하다.

밀양 얼음골
여름에 얼음이 얼고, 겨울에는 따뜻한 공기가 나오는 신기한 골짜기로 천연기념물이다.

해인사 팔만대장경

거창군
· 거창

함양군
· 함양

합천군
· 합천

우포늪
창녕군
· 창녕

밀양시
도자기

울산광역시

산청군
· 산청

의령군
· 의령

함안군
· 가야

창원시

양산시

김해시

부산광역시

하동군
녹차
· 하동

진주시

사천시

고성군
· 고성

통영시
나전칠기

거제시
옥포대첩기념공원

남해군
· 남해

한려해상국립공원

거제포로수용소 유적공원

하동 화개장터
경상남도 하동과 전라남도 구례를 이어 주는 화개장터에는 5일장이 선다. 예전에 내륙지방 사람들은 고사리, 감자, 쌀보리를 가져와 팔고 여수·광양·남해 등 해안지방 사람들은 뱃길을 이용해 미역, 고등어, 수산물을 싣고 와 팔았다.

한산도 제승당
삼도수군통제사에 임명된 이순신 장군이 무기를 만들고 군량을 비축하며 장수들과 해전을 논의하던 조선 수군의 지휘 본부이다.

통영 충렬사
이순신 장군의 업적을 기리기 위해 세워진 사당이다.

통영 한산대첩축제
매년 8월, 충무공 이순신의 한산대첩을 기념하며 통영에서 열리는 축제이다.

경상남도를 그려 보아요

● 점선을 따라 경상남도 지도를 완성하세요.
● 경상남도의 명소와 특산물에 스티커를 붙여 보세요.
● 각 시군마다 다른 색을 칠하고 이름도 써 보세요.

경상남도

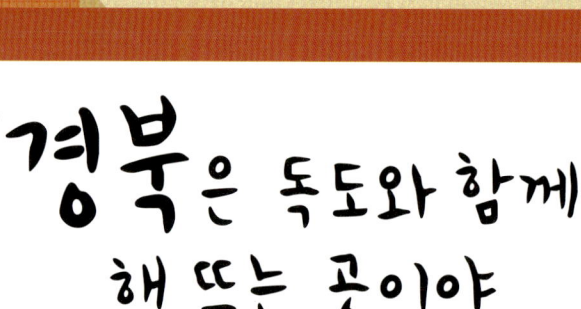

경북은 독도와 함께 해 뜨는 곳이야

경상북도는 우리나라에서 가장 큰 도로 서울시 면적의 3배, 전체 국토 면적의 20%를 차지하며 인구도 가장 많아요. 우리나라에서 가장 긴 경부고속도로가 서울에서부터 대전을 거쳐 대구, 부산으로 이어져 물류 수송이 쉬운 만큼 이곳에는 많은 중화학공업단지가 있지요.

우리는 일찍 일어나 아침밥을 부리나케 먹은 뒤에 버스를 타고 부산역으로 갔어요. 대구행 기차를 타고 동대구역에 내리자, 점심 때가 되어서인지 강하게 내려쬐는 햇볕 때문에 눈을 뜨기가 힘들었어요.

희원　할아버지, 대구는 다른 곳보다 훨씬 더운 것 같아요.
할아버지　그건 말이야. 대구가 사방이 산으로 둘러싸인 평평한 땅, 바로 분지이기 때문이지. 분지는 여름엔 덥고 겨울엔 아주 춥단다. 하루 최고 기온이 30도가 넘는 날이 평균 56일이나 될 정도니 다른 곳보다 덥다고 느끼는 것도 무리가 아니지. 더운 도시로 전국 1위인 셈이란다.
희원　분지라는 것 외에 대구는 뭐가 유명해요?
할아버지　예전부터 경상북도는 풍부한 노동력을 바탕으로 면화와 누에고치의 주산지였지. 특히 대구는 유명한 섬유 도시였어. 근래에는 수출이 줄어들면서 섬유산업이 점차 쇠퇴했지만, 국내에서 유일하게 섬유종합박물관이 있을 정도로 섬유산업은 여전히 대구를 대표한단다.

윤재는 덥다며 연신 '얼음 나라에서 얼음물을 먹고 싶어'라고 외쳤어요. 덥지만 멋진 도시 대구를 뒤로 하고 우리는 경주를 향해 발걸음을 옮겼지요.

대구 사과
이런 기후 덕분에 대구에서는 사과를 많이 재배하는 것으로 유명했단다. 하지만 지금은 도시화와 지구온난화의 영향으로 대구보다는 주변의 의성, 군위, 상주, 문경에서 사과를 더 많이 재배하고 있지.

면화와 누에고치
면화는 '목화'라고도 하지. 가을에 노란 꽃이 피고 열매가 익으면 저절로 벌어지면서 흰 솜털이 드러나는데 이걸 모아 실이나 천을 만든단다. 면이나 무명의 원료가 되지. 또 누에나방 애벌레가 입에서 실을 토해서 제 몸을 둘러싼 길쭉한 껍데기를 만든 것을 '누에고치'라고 하는데 이 고치로 명주실을 만든단다.

경상북도

대구역에서 기차를 타고 창밖 경치를 조금 감상하고 있자니 금방 경주역에 닿았어요. 천 년 고도 경주야! 반가워.

할아버지   경상북도를 흔히 신라 천 년의 땅이라고 하지. 신라가 오랫동안 경상북도를 근거지로 통일을 이루고 문화를 꽃피웠기 때문이란다. 특히 경주는 992년 간 신라의 도읍으로 도시 전체가 박물관과도 같아서 땅만 파면 옛 유물이 나온다는 말이 있을 정도란다.

희원   천 년 동안이나 한 나라의 수도였다니 정말 대단해요.

할아버지   유네스코는 1979년 경주를 세계 10대 유적지 가운데 하나로 지정하고, 2000년에는 경주의 52개 지정 문화재를 '역사유적지구'로 묶어 세계 문화유산으로 등록했단다.

윤재   할아버지, 저게 다 무덤이죠? 엄청나게 커요.

할아버지   경주 시내 곳곳에는 옛 무덤이 700개도 넘게 있단다. 이곳 대릉원은 미추왕릉을 비롯한 커다란 무덤 20여 개가 옹기종기 모여 있는 곳이란다. 면적이 약 12만 6500m²나 되니까 서울의 잠실종합운동장보다도 크단다. 출토된 유물들은 모두 박물관으로 옮기고 1970년 초에 공원으로 만들었지. 고분들 사이를 조용히

천마도

|윤재| 걸으며 옛 것과 오늘의 것을 함께 생각할 수 있는 멋진 곳이란다. 여기에서 가장 유명한 무덤은 직접 들어가 볼 수 있는 천마총이지.
그런데 왜 천마총이라고 불러요?

할아버지 무덤 속에서 발굴된 유물 중에 천마도가 그려진 말다래가 있었기 때문이야. '말다래'라는 건 말 탄 사람의 옷에 흙이 튀지 않도록 말안장 양쪽에 늘어뜨린 가리개를 말하는데, 장식적인 기능도 가지고 있단다. 그 위에 하늘을 나는 천마가 멋지게 그려져 있어서 무덤의 이름도 천마총이 된 거지.

희원 할아버지, 그런데 천마도의 말은 우리가 아는 말하고 다르게 생긴 것 같아요.

할아버지 그래서 그 동물이 기린이라는 이야기도 있단다. 기린은 지금 우리가 동물원에서 보는 기린과 상관없는 그야말로 상상의 동물이지. 저기 저쪽에 보이는 미추왕릉은 신라 제13대 왕인 미추왕의 무덤이란다. 미추왕이 죽고 나서 유례왕 때 외적이 쳐들어오자 대나무 잎을 꽂은 군사들이 나타나 적을 물리쳤다는 이야기가 있어. 싸움이 끝나고 미추왕릉에 대나무 잎이 쌓여 있는 걸 발견하고는 미추왕이 도왔다고 여겼단다. 만들어 낸 이야기일 수도 있겠지만 그 속에 나라를 생각하는 마음이 깃들어 있지.

경상북도

경주 역사유적지구

유네스코 세계 문화유산으로 등록된 경주시의 신라 시대 역사유적들은 5개 지구로 나뉜단다.

남산지구
'남산에 오르지 않고는 경주를 봤다고 할 수 없다' 할 정도로 남산은 신라 천 년의 역사와 문화를 압축해서 볼 수 있는 곳이다. 남산 일원의 불교 유적과 함께 신라의 시조 박혁거세가 태어난 나정, 신라의 마지막을 상징하는 포석정에 이르기까지 다양한 유형문화재와 사적이 있다.

월성지구
신라 시대에 궁궐이 있던 곳으로 땅 모양이 초승달처럼 생겼다고 해서 '월성'이라고 불렸다. 계림과 첨성대, 내물왕릉 등을 볼 수 있다.

대릉원지구
경주시내 중심가에 신라 왕과 왕비, 귀족들의 고분이 자리 잡고 있는 곳이다. 미추왕릉과 황남리 고분군 등 많은 고분을 볼 수 있다.

황룡사지구
신라 진흥왕 시대 새로운 궁궐을 지으려던 자리에 황룡이 나타났다는 말을 듣고 사찰로 고쳐 짓고 '황룡사'라고 했다고 한다. 지금은 초석 정도만이 남아 있지만 '신라의 땅이 곧 부처가 사는 땅'이라는 신라인들의 불교관이 잘 나타나 있는 곳이다. 황룡사지와 분황사 석탑을 볼 수 있다.

산성지구
보문호 남쪽의 명활산 꼭대기를 중심으로 자연석을 이용해 지은 명활산성으로, 길이가 약 6km나 된다. 잦은 왜적의 침입으로부터 신라를 지킨 방어 시설의 핵심이다.

우와, 그 유명한 첨성대예요! 석단을 쌓아 올린 넉넉한 허리의 호리병 모양, 반듯한 네모 창이 있는 첨성대가 우리를 반겼어요.

희원	할아버지, 신라 사람들이 저기에서 하늘과 별자리를 관측했다는 거죠? 꼭대기까지 어떻게 올라갔을까요?
할아버지	옛 기록에 따르면 아마도 바깥쪽에 사다리를 놓고 창을 통해 안으로 들어간 뒤 꼭대기까지 올라갔던 것 같구나. 창문 아래쪽은 흙으로 채워져 있다고 하니까 힘든 일은 아니었겠지?
윤재	그런데 망원경도 없고 하늘을 관측하기에는 그리 높지도 않아 보여요.
할아버지	지금의 천문대와 비교하면 규모가 작아서 기능과 쓰임에 대해 논란이 많단다. 지금과 달리 하늘이 맑다면 굳이 높은 곳에 올라가 별을 관찰할 필요가 없지 않았을까 싶기도 하고……. 옛 기록에서 '천문을 묻던' 이란 표현을 쓰고 있는 것으로 보아 1500년 전 신라인들의 소망과 바람을 담은 상징물이었을 것으로 추측하기도 하지.
희원	어, 그런데 뒤쪽에서 보니까 첨성대가 기울어져 있어요.
할아버지	한국전쟁 당시 첨성대 주변으로 무거운 탱크들이 지나가면서 땅이 기울어졌기 때문이란다. 첨성대도 세월의 흐름을 온몸으로 보여 주고 있구나.

첨성대에 숨겨진 상징
첨성대를 쌓은 돌의 수 361개 반은 음력으로 따진 1년의 날 수와 같단다. 맨 위 돌까지 합한 석단은 모두 28단으로 기본 별자리 수 28개를 상징하지. 석단 중간의 네모난 창 아래위 12개의 석단은 12달, 24절기를 의미하고 꼭대기 '우물 정(井)' 자 모양은 각 면이 정확하게 동서남북 방위를 가리키며 석단 중앙의 창문은 정확하게 남쪽을 향하고 있단다.

경상북도

경주에는 자전거로 유적을 둘러볼 수 있도록 자전거문화유적체험투어가 마련돼 있었어요. 자전거로 바람을 맞으며 달리면 신라의 역사가 좀 더 가깝게 느껴지지 않을까요?

윤재   우와~ 여기 좋다! 할아버지, 여기 어디에요?

할아버지   이곳은 신라 시대 왕자가 살던 별궁인 동궁과 '달이 떠 있는 연못'이라는 뜻의 월지란다. 연회 장소로 사용됐을 것이라고 추측하지. 통일신라 이후 황폐해진 이곳을 두고 '화려했던 궁궐은 간 곳 없고 기러기와 오리만 노닌다'고 해서 안압지로 부르기도 했지. 지금은 동궁과 월지라는 원래 이름을 되찾은 셈이란다.

희원   맞아요. 안압지라는 연못 이름을 들어 본 것 같아요.
이렇게 멋진 곳에서 잔치가 열리면 정말 신났을 것 같아요.

할아버지   동궁과 월지는 경주 제1의 야경 명소로 손꼽힌단다. 신라가 통일을 하던 시기에는 화려한 궁궐을 짓는 것에도 관심이 많았고, 통일을 했다는 자부심이 넘쳐나는 건축물도 많이 지었단다.

우리는 유네스코가 세계 문화유산으로 선정한 불국사와 석굴암을 보러 토함산으로 발걸음을 옮겼어요. 토함산 기슭에 있는 불국사는 교과서에서

포석정
신라 시대의 아름다운 별궁 터 가운데 빼놓을 수 없는 곳이지. 지금은 작은 공원처럼 꾸며져 있는 사적 제1호란다. 옛날에는 왕과 귀빈이 삼짇날 구불구불하게 만들어 놓은 수로에 술잔을 띄워 술잔이 앞에 오는 사람이 시를 읊으며 놀았다고 하지. 포석정은 신라의 경애왕이 후백제 견훤에게 죽임을 당한 곳이기도 해서 신라의 번영과 종말을 동시에 상징한단다.

포석정

안압지

불국사의 청운교와 백운교

옆에서 본 모습

보던 모습 그대로였어요.

할아버지   이 다리는 청운교와 백운교란다.

윤재   어, 그냥 계단 같은데요?

할아버지   불국사가 지어진 통일신라 시대에는 다리 밑에 '연지'라는 연못이 있었거든. 옆에서 보면 다리라는 걸 금방 알 수 있지. 어서 안으로 들어가 보자꾸나.

윤재   어, 저 탑은 10원짜리 동전에 있는 그 탑?

희원   다보탑!

할아버지   그래. 다보탑이란다. 2009년에 1년 동안 해체 수리를 했지. 균열이 일어나서 물이 새는 것을 막고, 또 일제강점기에 발라 놓은 콘크리트를 떼어 내는 작업도 했다는구나.

윤재   문화재에 콘크리트를 발랐다고요?

할아버지   지금은 상상할 수도 없는 일이지만 일제뿐 아니라 우리 스스로도 우리의 문화재를 신중히 다루지 못한 적이 있지. 특히 다보탑은 나라 빼앗긴 설움을 고스란히 간직하고 있는 문화재란다. 1925년경 일제에 의해서 탑이 완전히 해체·보수되었는데 그때의 기록이 전혀 남아 있지 않고, 탑 속에서 나온 유물의 행방도 알 길이 없지. 더구나 탑의 돌계단에 놓여 있던 4개의 돌사자 가운데 상태가 좋았던 3개는 일본인들이 가져가서 아직도 찾지

경상북도

다보탑

석가탑

못하고 있는 상태란다. 다행히 보물 제61호인 사리탑은 일본에 반출됐다가 20년 만에 기적처럼 되돌아왔지.

희원　그래서 십 원짜리 동전에 사자가 한 마리만 새겨져 있는 거구나. 십 원짜리 동전을 우리 손에 꼭 쥐듯이 잃어버린 사자들을 어서 우리 손안으로 가져왔으면 좋겠어요.

윤재　할아버지, 그럼 이쪽에 있는 것이 석가탑이겠네요. 두 탑이 나란히 서 있어서 더 정겹게 느껴져요.

할아버지　그렇단다. 다보탑이 통일신라 전성기의 문화를 보여 주는 화려한 탑이라면 석가탑은 완벽한 비례와 균형미를 자랑하는 통일신라 삼층석탑의 대표 격이지.

불국사 안에는 여러 가지 문화재가 많아서 어느 한 부분도 대충 볼 수가 없었어요. 특히 다보탑에 대한 할아버지 말씀이 기억에 오래 남았어요. 우리는 불국사를 나와 석굴암을 보기 위해 토함산으로 올라갔지요.

석가탑의 또 다른 이름
석가탑을 만든 사람은 아사달이라는 석수장이였어. 아내 아사녀는 아사달이 그리워 절을 찾아 왔지만 만나지 못했단다. 석가탑이 완성되면 연못에 그림자가 비칠 것이라고 믿고 기다렸지만, 아무리 기다려도 그림자가 비치지 않자 기다림에 지쳐 그만 연못에 몸을 던지게 되지. 그래서 그림자가 비치지 않는다는 뜻으로 석가탑을 '무영탑'이라고 부르기도 한단다.

할아버지　토함산 아래에 있는 석굴암도 신라인들의 지혜가 돋보이는 뛰어난 문화재란다. 우리가 흔히 말로만 '우리 것이 최고다, 좋다'고 하지만 과연 어떤 점에서 좋은지 의문을 가질 때가 있지. 외국 여행을 다녀오거나 다른 나라의 문화재들을 보면 우리 것보다 더 좋아 보이는 것도 많으니까.

희원　저도 그런 생각한 적 있어요. 사실 이집트 피라미드처럼 거대한 건축물이나 인도의 타지마할처럼 아주 섬세하게 만들어진 유적과 비교하면 우리 문화재들이 그다지 대단하지 않아 보일 때가 있거든요.

석굴암 내부

윤재   그래도 세계 문화유산이잖아. 뭔가 특별한 이유가 있을 거야. 그죠, 할아버지?

할아버지   그렇지. 세계 문화유산을 선정할 때는 유적이 있는 지역의 특수성이나 독창성을 고려하는데, 석굴암은 설계와 시공뿐 아니라 재료가 가지는 특수성이 남다르단다. 석굴암은 자연 동굴을 이용해서 만든 것이 아니라 화강암을 다듬어서 석굴을 만들고 그 위를 흙으로 덮어서 만든 인공 석굴이거든. 외국의 유명한 유적이나 유물 대부분이 석회석이나 대리석 같은 무른 돌이나 나무로 만들어진 것에 비해 화강암은 아주 단단한 돌이라 섬세한 조각이 힘든 재료지. 작은 실수 한 번이면 처음부터 다시 시작해야 한단다. 그런 화강암을 잘 다듬어서 오묘한 형태를 만들고 정교한 조각을 했다는 점이 석굴암을 세계 문화유산으로 당당히 뽑힐 수 있게 만든 이유란다.

희원   그런데 유리로 막혀 있어서 자세히 볼 수도 없고 좀 답답한 느낌이 들어요.

경상북도

할아버지 다보탑처럼 석굴암도 일제강점기에 보수 공사를 하면서 석벽을 보강하기 위해 시멘트를 바르고, 물이 스며들어 이끼가 끼자 불상을 세척하기도 했단다. 그 과정에서 원형이 많이 훼손되었지. 원래 석굴암은 바닥에 차가운 샘물이 흐르게 해서 자연적으로 습기 방지를 했는데 일본인들이 바닥에 콘크리트로 보강 작업을 하고 지하수를 다른 곳으로 흐르게 구조를 바꾸는 바람에 습기 문제가 생겼어. 그래서 결국 이렇게 유리로 보호하게 된 거란다.

희원 아, 정말 맘 아프다. 엉터리 보수 공사로 아름다운 석굴암이 유리벽에 갇히는 신세가 된 거잖아요.

할아버지 석굴암의 습기 문제를 해결하는 데 학자들마다 의견이 분분하단다. 세계적인 유물이 된 만큼 좀 더 과학적이고 신중한 해결책이 나오길 기대해야겠지.

석굴암에서 느낀 아쉬움을 달래며 우리는 바닷가에 있는 문무대왕릉을 보러 갔어요. 세계에서 유일하게 바다에 있는 왕릉이라고 해요. 문무대왕은 왜 바다에 자신을 묻어 달라고 했을까요?

할아버지 저기 보이는 대왕암이 바로 문무대왕의 수중릉이란다. 문무대왕은 아버지 태종무열왕의 업적을 이어받아 고구려를 멸망시키고 삼국통일을 이룬 신라 제30대 왕이지. 문무대왕의 장례는 생전 대왕의 뜻을 받들어 불교식 화장을 했단다. 화장한 유골을 동해에 묻으면 용이 되어서 나라를 지키겠다고 했지. 삼국통일을 했다고 하나 혼란스러운 시기였을 게다. 게다가 왜구도 골칫거리였지. 문무왕은 부처님의 힘으로 왜구를 막고자 바닷가에 절을 짓기 시작했고, 아들 신문왕이 아버지의 뜻을 이어 절을 완성했단다. 신문왕은 은혜에 감사한다는 의미로 절의 이름을 '감은사'라고 짓고 아버지 문무왕이 바다의 용이 되어 드나들 수 있도록 금당 밑에 바다와 통할 수 있는 공간을 만들어 두었지.

윤재 정말 용이 드나들었을까요?

절의 가람 배치
시대마다 절의 중심인 금당과 탑의 배치가 다르지. 백제 시대에는 '일탑일금당'이라고 해서 하나의 탑과 금당이 한 줄로 배치되도록 절을 지었단다. 부여 정림사 절터를 보면 알 수 있어. 반면 통일신라에서는 주로 '쌍탑가람식'이라고 해서 금당 앞에 동서로 2개의 탑을 세웠는데, 이는 감은사 절터와 삼층석탑에서 확인할 수 있단다.

할아버지	글쎄다. 옛 이야기에 따르면 어느 날 감은사 앞에 거북이 머리처럼 생긴 작은 산이 밀려와 떠다녔다고 하는구나. 신문왕이 점쟁이를 불러 물으니 '죽어서 바다의 용이 된 문무왕께서 나라를 지킬 귀한 보물을 보낸 것입니다'라고 했지. 왕이 기뻐하며 그곳으로 가자, 용이 나타나 대나무를 왕에게 바쳤고 그것으로 피리를 만들어 불었더니 적이 물러가고 파도가 가라앉으며 폭풍우가 잦아들었다는 전설이 있단다.
희원	저 그거 알아요. '만파식적'이죠?
윤재	바다의 용이 되어 나라를 지킨다! 피리를 불어 어려움을 잠재운다! 오~ 멋지다!

희원　　할아버지, 경주에 살면 일부러 박물관을 찾지 않아도 저절로 역사
　　　　공부가 될 것 같아요.
할아버지　우리 희원이가 신라의 역사에 대해 많이 배운 것 같구나. 꽤
　　　　구경했으니 이제 뭐 좀 먹으러 갈까?
윤재　　우와, 할아버지. 경주가 신라 천 년의 역사를 담은 도시라는 걸
　　　　식당 메뉴판만 봐도 알겠어요. 보세요. '신라' 면이 있어요.
희원　　신라 면? 헉! 뭐야, 저건 신라 면이 아니라 '신라면'이야. 윤재야,
　　　　정신 차려.
할아버지　하하하. 윤재가 신라에 와서 역사 공부한 티를 톡톡히 내는구나.
윤재　　난 또……. 그럼 그렇지. 어째 좀 이상하다 했어.

경주를 돌아보고 나자 해가 저물고 있었어요. 우린 저녁을 먹고 자리에
누웠어요. 차를 타고 다녀서 피곤할 듯한데 잠이 쉽게 오지 않았어요.
내일은 또 어디를 가게 될까요? 여행은 늘 마음을 설레게 해요.
다음 날 아침 우리는 다음 목적지로 향하기 위해 경주역에 갔어요.
할아버지께서는 경주만큼이나 전통과 옛 문화가 살아 있는 곳으로
간다고 하셨지요.

할아버지　애들아, 이번 여행지는 안동이란다. 안동은 특히 유교 문화가
　　　　뿌리 깊은 곳으로 '도산서원'이 있지. 우린 안동에서 하회마을을
　　　　둘러볼 거란다.
윤재　　저는 '안동' 하면 하회탈이 떠올라요.
할아버지　잘 알고 있구나. 하회마을에서는 하회탈을 쓰고 하는
　　　　하회별신굿탈놀이를 상설 공연하고 있지. 또 국내외 탈춤
　　　　단체들이 함께하는 국제 탈춤페스티벌도 열린단다.
희원　　맞다! 할아버지. 이곳도 유네스코 세계 문화유산으로 지정되었다는
　　　　기사를 봤어요.
할아버지　그렇지. 우리나라의 열 번째 유네스코 세계 유산이 바로 이곳
　　　　안동 하회마을과 경주 양동마을이란다. 두 곳 모두 조선 시대
　　　　마을 가운데 역사가 가장 오래된 씨족마을이란다. '씨족'이란

서원
조선 시대에 선비들이 모여서 옛 학자들이나 충절로 죽은 사람을 제사 지내고 인재를 키우기 위해 세운 사설 교육기관이란다. 안동에는 퇴계 이황을 기려 만든 '도산서원'과 '병산서원' 등 수많은 서원이 있지. 천 원짜리 지폐에 나와 있는 건물이 바로 도산서원이란다.

말이 붙은 것은 같은 성씨를 가진 일가친척들이 모여서 마을을 이루었기 때문이지. 안동 하회마을은 임진왜란 당시 영의정을 지내고 이순신 장군을 천거한 서애 류성룡과 겸암 류운용에 의해 가문이 크게 일어난 풍산 류씨 집성촌이란다. 반면 경주 양동마을은 월성 손씨와 여강 이씨의 혼인을 통해 자리를 잡은 마을로 조선의 문신 회재 이언적이 태어난 곳으로 유명하단다.

윤재　그럼 사람이 살고 있는 동네 전체가 문화유산으로 지정된 거예요?
할아버지　그렇지. 문화재가 아니라 사람이 살고 있는 마을이 문화유산으로 지정되기로는 우리나라에서 처음이란다.

> **양동마을**
> 경상북도 경주시 강동면 양동리에 있는 마을이야. 지금도 초가집과 기와집을 그대로 유지하며 후손들이 살고 있지. 무첨당, 관가정 같은 목조건물과 많은 건축이 보물로 지정돼 있지. 전통문화 체험프로그램을 신청하면 양동마을에 대해 더 자세하게 알 수 있단다.

하회마을은 민속촌처럼 관광을 목적으로 일부러 만들어 놓은 곳이 아니라 실제로 주민들이 생활하고 있는 마을이기 때문에 마을을 그대로 보존하기 위해 주차장을 마을 바깥에 만들어 놓았어요. 그래서 하회마을에 들어가기 위해서는 10분 정도 오솔길을 걷거나 셔틀버스를 타야 했어요. 우리는 할아버지 말씀을 들으면서 오솔길을 걸어가기로 했답니다.

경상북도

할아버지	하회마을은 '하회(河回)'라는 말 그대로 강줄기가 'S' 자 모양으로 마을을 감싸고 도는 곳으로 조선 시대 양반 마을의 모습이 그대로 남아 있단다. 마을 자체가 중요 민속자료 제122호로 지정돼 있지.
희원	지금도 150여 가구가 생활하고 있다고 여기 적혀 있어요.
할아버지	거의 600년이란 시간을 조상 대대로 살아온 셈이란다. 이곳이 유네스코 세계 유산으로 지정되기까지는 하회마을을 지키며 보존을 위해 애써 온 후손들의 역할도 크겠지. 풍산 류씨의 집성촌답게 음력 3월과 9월에는 병산서원에서 류성룡, 류진공을 받드는 춘추향 제사가 있는데, 안동포로 한복을 입은 어르신들이 예를 갖추는 엄숙한 모습을 볼 수 있단다. 하회마을에서는 초가집과 종택 같은 옛집 체험을 할 수 있는 곳도 많지. 옛 선비들이 살던 곳에서 묵는 것도 색다르단다. 하회마을은 둘러보는 데도 시간이 꽤 걸리니까 오늘은 여기에서 하룻밤 묵고 갈까?
윤재	와! 재밌겠다. 할아버지 최고!
할아버지	허허, 녀석들.

하회마을을 구경한 우리는 마을을 감싸고 흐르는 낙동강을 멀리서 바라보고 있었어요.

할아버지	경상북도에는 울릉도와 독도, 이렇게 딱 2개의 섬이 있지. 이 두 섬은 우리나라 동쪽 끝에 있어서 가장 먼저 해가 뜨는 곳이란다. 울릉도는 한때 왜구들의 노략질 때문에 나라에서 섬사람들을 육지로 불러들여서 사람이 살지 않는 섬이 되기도 했다는구나. 지금은 영토상으로 우리 땅에서 아주 중요한 곳이지. 독도 박물관도 울릉도에 있단다. 독도는 울릉도에서 보일 만큼 가까워서 실제 거리도 약 88km밖에 안 되지만 파도 때문에 쉽게 갈 수 있는 곳은 아니지.
윤재	그런데 왜 일본 사람들은 독도를 자기 땅이라고 우겨요?
희원	맞아요. 자기들 맘대로 '다케시마'라고 부르질 않나.

리앙쿠르
서양에서는 프랑스 고래잡이 배인 리앙쿠르 호가 발견했다고 해서 독도를 '리앙쿠르'라고 부르기도 해. 그렇게 표기된 지도도 있단다. 하지만 이미 오래전부터 우리 땅이었던 독도를 다른 이름으로 불리지 않게 우리가 힘써야겠지.

할아버지   사실 독도는 단순히 바위 섬 2개가 아니란다. 바다 밑을 살펴보면 높이 2000m, 길이 12km가 넘는 바다 산이 솟아 있는 것이 바로 독도야. 우리가 알고 있는 독도는 마치 빙산처럼 겉으로 드러나 보이는 부분에 불과하단다. 독도 주변은 훌륭한 어장이고 지하자원도 풍부하지. 바다에는 그 나라의 통치권이 미치는 영해라는 것이 있는데 한 나라의 영해는 보통 12해리, 그러니까 약 22.3km란다. 독도 둘레 200해리에 걸쳐 있는 바다자원은 배타적 경제수역이라 해서 모두 우리나라 것인데, 만약 독도가 우리 땅이 아니라면 많은 것을 잃게 되겠지.

윤재   음……. 드디어 속셈을 알겠어. 바다자원을 빼앗아 가려는 것이었구나. 일본, 자꾸 이러면 내가 가만 두지 않을 테야!

독도를 지키겠다며 두 눈을 부릅뜬 윤재의 모습이 우습긴 했지만, 소중한 우리 땅을 지키겠다는 생각만은 칭찬해 줘야겠어요. 아~ 할아버지랑 여행을 하다 보니 우리 땅 어느 한 부분도 소중하지 않은 곳이 없어요.

한눈에 보는 경상북도

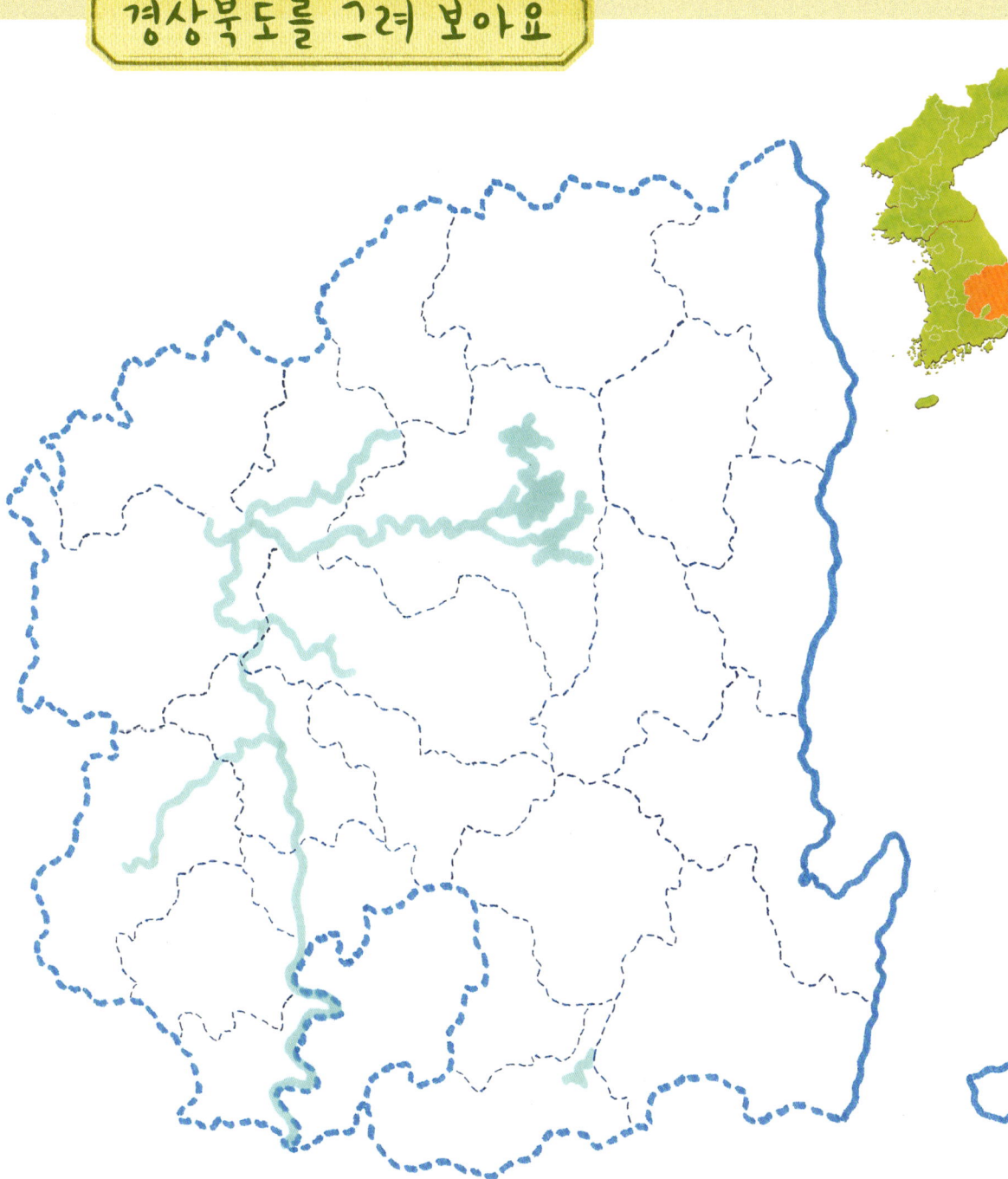

제주에 혼저 옵서예

제주도는 약 120만 년 전부터 2만 5천 년 전 사이에 화산 폭발로 만들어진 섬이에요. 제주도의 명칭은 시대에 따라 탐모라, 섭라, 탐라 등으로 불렸는데 '탐', '섭', '담'은 섬을 뜻하고, 탐라는 '섬나라'라는 뜻이래요. 고려 고종 때 '제주'라는 이름을 처음 갖게 되는데 탐라가 고려에 속하게 됐다는 뜻이에요.

우리는 서울 집으로 잠시 왔다가 김포 공항에서 비행기를 타고 제주도로 향했어요. 비행기를 탄 윤재는 신난다며 호들갑을 떨었어요. 어, 근데 탄 지 얼마 안 된 것 같은데 벌써 제주도에 도착한 거 있죠? 와, 정말 빠르다.

윤재　할아버지, 제주도는 그동안 다녔던 곳과는 뭔가 달라요. 이상하게 생긴 나무들도 있고……. 마치 다른 나라에 온 것 같아요. 그리고 저기 저 누나가 "혼저 옵서예"라고 하는데요? 혼자 오라는 건가?

할아버지　제주 말을 잘 모르면 그렇게 들리기도 하겠구나. '혼저 옵서예'는 어서 오라는 뜻이야. 제주도는 육지와 떨어져 있어서 말뿐 아니라 문화도 많이 다르단다. 우리나라 가장 남쪽에 있는 섬 제주도는 봄이 가장 먼저 찾아오는 곳이기도 하지. 연평균이 14도이고 가장 추운 1월에도 평균기온이 6도 정도니까. 육지에서 볼 수 없는 야자나무나 감귤나무가 잘 자라는 것도 바로 따뜻한 기후 때문이란다.

버스를 타고 한라산으로 가면서 창밖으로 보이는 풍경에 연신 감탄을 했어요. 제주도의 하늘, 구름, 나무, 바다는 누군가 선명한 그림을 그려 놓은 듯 너무나 깨끗하고 예뻤어요. 흠~ 무엇보다도 제주도의 향긋한 바람 냄새는 진짜 최고였어요.

> **제주특별자치도**
> 제주도는 우리나라에서 두 번째로 큰 섬인 거제도보다 다섯 배나 크단다. 서울보다는 세 배나 크지. 마라도, 우도를 비롯한 8개의 유인도(사람이 사는 섬)와 55개의 무인도(사람이 살지않는섬)를 포함하는 제주도는 2006년 7월 1일로 제주특별자치도가 되었단다.

할아버지	제주도는 아주 오래전 화산 활동으로 만들어진 섬이야. 제주를 상징하는 한라산은 남한에서 가장 높고, 지금은 활동을 쉬고 있는 휴화산이란다.
윤재	휴화산이면, 다시 화산 활동을 할 수도 있다는 거네요?
할아버지	그런 셈이지. 한라산에는 높이에 따라 아열대 식물에서부터 한대 식물에 이르기까지 약 1800여 종의 식물이 살고 있단다. 우리나라 전체 식물 종 가운데 거의 절반을 차지하는 수치지. 특히 한대 식물인 돌매화나무는 한라산 정상 바위 절벽에서만 자라는 희귀 식물이란다. 다 자라도 키가 2cm밖에 안 되는 작은 나무라서 마치 풀처럼 보이지. 또 제주등줄쥐와 제주족제비, 제주도룡뇽과 비바리 뱀은 우리나라 고유종으로 한라산에서만 살고 있단다. 그래서 2002년 유네스코에서는 한라산을 생물권보전지역으로 지정했지. 또한 독특한 식생 때문에 2007년 세계유산위원회의 만장일치로 '제주 화산섬과 용암동굴'이 세계 자연유산으로 지정됐단다.
희원	양동마을이나 하회마을은 문화유산이고 제주도는 자연유산이죠?
할아버지	그래 맞다. 2010년 현재 유네스코에 등재된 자연유산은 176건인데, 우리나라에서는 제주도가 유일하게 세계 자연유산으로 지정되면서 세계적인 보물섬으로 주목받게 되었지. 한라천연보호구역과 거문오름용암동굴계, 성산일출봉은 우리나라의 첫 번째 유네스코 자연문화유산이자 인류 전체를 위해 보호되어야 할 귀중한 유산으로 인정받은 거란다.
윤재	할아버지, 세계 유산이 되면 뭐가 좋아요?
할아버지	세계 유산이 되면 세계유산기금으로부터 경제적·기술적인 지원뿐 아니라 보전에 필요한 국제적인 협력과 원조를 받을 수 있단다. 세계 유산이 되면 지속적으로 보호와 관리를 꼭 해야 하지. 1994년에 지정된 오만의 '아랍영양보호구역'은 훼손이 너무나 심해서 세계유산목록에서 제외되었다는구나.
희원	성산일출봉은 해돋이가 유명한 곳이라고 들었어요.
할아버지	그래. 모습이 거대한 성과 같다고 해서 '성산'이라고 한단다.

> **아열대 기후**
> 지구의 기후는 크게 추운 한대, 온화한 온대, 더운 열대로 나뉘고 세부적으로는 아열대, 아한대가 그 사이에 있단다. 열대와 온대 사이에 있는 지역을 아열대라고 하는데 여름과 겨울의 기온차가 뚜렷하고 덥고 메마른 곳이 많지.

해발 182m 바다에서 수중 폭발한 화산으로, 용암이 고운 화산재가 되어 분화구 둘레에 원뿔 형태로 쌓여 있지. 원래는 화산섬이었지만 중간에 모래와 자갈이 쌓여서 육지와 연결됐단다. 우리나라 천연기념물이기도 해.

윤재   한라산과 성산일출봉은 알겠는데 거문오름용암동굴계는 또 뭐예요?

할아버지   거문오름용암동굴계는 작은 화산인 거문오름부터 약 13km에 이르는 용암동굴 무리를 말한단다. 벵뒤굴, 만장굴, 용천동굴, 당처굴이 여기에 속하지. 동굴 천장과 바닥을 장식한 다양한 색깔의 석회 장식물이 독특하고 풍부해서 세계 여러 나라의 용암동굴에서 볼 수 없는 장관을 자랑한단다.

윤재   그러고 보니 모두 화산과 관련된 곳이네요.

할아버지   녀석. 눈치도 빠르구나.

오름

한라산 아래로는 한라산이 폭발할 때 생긴 새끼 화산이 있는데 이걸 '기생화산'이라고 하지. 제주도에서는 이것을 '오름'이라고 부르는데 360여 개나 되다 보니 평균 5.5km²마다 오름이 있는 셈이란다.

거문오름용암동굴

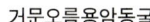

그런데 제주도를 다니다 보니 집집마다 똑같은 나무들이 있는 거예요. 할아버지께서 감귤나무라고 하셨어요. 샛노란 감귤들이 먹음직스럽게도 보이고 싱싱한 초록색과 어울러서 멋진 풍경이었어요.

윤재   집집마다 감귤나무가 있으니까 먹고 싶을 때마다 귤도 따 먹고 정말 좋겠다.

할아버지   제주 감귤은 조선 시대에는 임금님께 바치는 귀한 것이었단다. 제주에는 300년 이상 된 감귤나무도 있고, 100년 이상 된 감귤나무도 약 200그루나 있지. 예전에는 감귤 농사를 지어서 자식을 대학까지 보낼 수 있다고 해서 '대학나무'라고 불렀단다.

희원   앞으로 감귤 먹을 땐 왕비처럼 먹어야지.

윤재   누나, 우리도 집에 돌아가면 감귤나무 심자. 그럼 대학 갈 때 등록금 걱정 안 해도 되잖아.

희원   윤재가 벌써 대학 등록금 걱정을 다 하고, 제주에 와서 철들었네.

할아버지	녀석들. 갑자기 나무 타령은……. 서울에선 기온이 맞지 않아 감귤나무가 자라지 못한단다. 게다가 이제는 재배 농가가 많아져서 더 이상 대학나무로서의 역할도 하지 못한다는구나.
희원	그런데 할아버지, 제주도는 구멍이 숭숭 뚫린 현무암으로 된 화산섬이잖아요. 물이 다 빠져 버리면 어떻게 농사를 어떻게 지어요?
할아버지	희원이가 아주 잘 알고 있구나. 제주도 땅을 잘 살펴보면 까맣고 구멍이 숭숭 뚫려 있는 것을 볼 수 있지. 화산 폭발 때 나온 용암이 굳어서 만들어진 현무암 때문이란다. 현무암으로 된 땅에는 비가 와도 물이 고이지 않고 흘러가 버리지. 하지만 지하로 스며든 물은 땅속을 흐르다가 해안가에서 샘물처럼 솟아난단다. 이것을 '용천대'라고 하는데 제주도 사람들은 용천대가 있는 해안가에서 밭농사를 지으며 살아가지. 여기는 그만큼 물이 귀한 곳이란다.
윤재	할아버지, 저기 서 있는 게 하르방이죠?
할아버지	그래, 하르방 맞구나. '하르방'은 제주말로 할아버지를 뜻하지. 할머니는 '할망'이라고 해. 육지에서 볼 수 있는 장승과 비슷하게 마을의 수호신 역할을 했단다.

벼농사가 가능한 서귀포

물이 귀한 제주도지만, 유일하게 서귀포시에서는 벼농사가 가능한 곳이 있지. 지하로 스며든 물이 용천대로 솟아나올 수 있는 것은 더 깊은 곳까지 물이 스며드는 것을 막는 서귀포층이라는 지질대가 있기 때문이야.

이번에는 제주도의 옛 모습과 풍속을 볼 수 있는 성읍민속마을로 향했어요. 안동의 하회마을처럼 이곳에도 지금까지 주민들이 실제로 살고 있대요. 옛 현감이 정사를 보던 현청인 일관헌과 600년이 넘은 느티나무와 팽나무, 길게 이어져 있는 까맣고 낮은 현무암 돌담과 제주 전통 살림집을 볼 수 있었어요.

| 희원 | 할아버지, 저게 대문이에요? 너무 허술해 보여요.
| 윤재 | 설마……. 그냥 장식 아닐까? 무슨 표시일지도 몰라.
| 할아버지 | 어디 보자……. 저건 정낭이란다. 옛날 제주에서는 대문이 걸릴 자리에 구멍을 3개 뚫고 굵은 나뭇가지를 걸쳐 놓았는데 이것을 '정낭'이라고 하지. 대문 대신 3개의 장대로 안에 사람이 있는지 없는지, 언제 돌아올지를 표시해 두는 거란다. 저 집에는 3개가 다 걸려 있으니 멀리 나가 있어서 하루 종일 집에 없다는 뜻이구나. 사람이 있을 경우에도 곡식을 마당에 널어 말릴 땐 정낭을 모두 걸었기 때문에 사람보다는 가축이나 짐승의 출입을 막는 목적이 컸다고 봐야겠지.
| 윤재 | 역시 제주도야. 도둑이 없으니 저렇게 표시해도 되는 거겠지?
| 희원 | 이웃이 서로 믿고 사는 것이 참 보기 좋아요.
| 할아버지 | 그렇지. 할아버지는 정낭이 제주 사람들 간의 정겨움의 표시라고 생각한단다. 제주도는 대문과 도둑 그리고 거지가 없다고 해서 '없을 무(無)' 자를 써서 '삼무도'라고 불리기도 하지. 반대로 바람, 돌, 여자가 많다고 해서 '삼다도'라고 불리기도 한단다.

제주의 풍경에 정신이 팔려 이곳저곳을 기웃거리자 아주머니 한 분이 '하영봅서'라고 인사를 하셨어요. '하영이를 보라는 얘기야?' 하고 윤재는 또 엉뚱하게 해석했지만 이건 제주 방언으로 많이 구경하라는 말이래요. 산굼부리, 비자림, 여미지 식물원과 아프리카 박물관, 사려니숲과 수많은 오름 등 제주도는 볼거리가 정말 많은 곳이었어요.

산굼부리 분화구
깊이가 100~146m, 지름이 약 500m가 넘는 산굼부리는 백록담과 비슷한 모습을 하고 있어. 하늘에서 보면 광활한 초지 가운데 마치 인공적으로 만들어 놓은 원형운동장을 보는 것 같다고 해. 분화구 안에서 온대림과 난대림, 상록활엽수림, 낙엽활엽수림이 함께 살고 있어서 학문적으로 희귀한 연구 대상이지. 천연기념물 제263호야.

산방산에 얽힌 전설

옛날 사냥꾼이 한라산으로 사냥을 갔다가 겨우 사슴 1마리를 발견하고 활을 쏘았는데 그만 옥황상제 엉덩이를 맞춘 거야. 화가 난 옥황상제가 한라산 정상을 뽑아 던졌다고 하는데 그때 날아간 봉우리가 바로 산방산이라는 거지. 산방산을 뒤집어 백록담에 꽂으면 딱 들어맞는다는 말이 있을 만큼 산방산과 백록담은 크기가 비슷하다고 하는구나.

이번엔 용머리 해안으로 가기 위해 택시를 탔어요. 용머리 해안은 산방산 앞자락의 바닷가인데 바닷속으로 들어가는 용의 머리를 닮았다 하여 붙여진 이름이래요. 택시에서 내리자마자 저 멀리 커다란 범선 한 척이 보였어요.

윤재   할아버지, 저렇게 큰 배가 왜 땅 위에 있어요?

할아버지   저건 조선 효종 때인 1653년 제주에 닿은 하멜 일행이 타고 온 배를 복원해 놓은 거란다. 너희, 고려 때 몽고군이 쳐들어왔을 때 삼별초가 끝까지 싸웠던 곳이 제주라는 걸 알고 있니? 또 일제강점기에는 일본이 미국에 대항하기 위해 제주에 많은 군사기지를 만들기도 했단다. 아직도 송악산 부근에는 방공호와 격납고 잔해가 남아 있지. 그리고 1948년 당시 제주도민의

10분의 1에 해당하는 3만여 명이 희생 당한 4·3항쟁 사건은
여전히 많은 제주도민의 가슴을 아프게 하고 있단다.

희원 할아버지, 제주도는 언제부터 우리나라였나요?

할아버지 제주도는 아주 오래전엔 '탐라'라는 나라였단다. 고씨, 양씨, 부씨
이렇게 세 성씨의 신선이 땅에서 나와 나라를 세웠다고 하지.
그 뒤 제주는 백제에 속했다가 고려로, 다시 조선에 속하게
되었는데 육지와 멀리 떨어져 있어서 죄를 지은 사람들의
귀양지가 되곤 했단다. 추사체로 유명한 김정희 선생도 이곳에
귀양을 왔고, 조선 제15대 임금인 광해군 역시 제주에서 생을
마쳤지. 조선 인조 때부터 순조 때까지 약 200년 동안은 인구가
급격하게 줄어든다고 해서 제주 바깥으로 나가지 못하게 하는
금지령이 내려지기도 했단다.

윤재 그건 너무했다. 제주 사람들 무척 답답했겠어요.

제주 여행을 마친 우리는 다시 비행기를 타고 서울로 돌아왔어요.
비행기 안에서 제주도를 내려다보며 작별인사를 하려니 무척
아쉬웠어요. 이번에 미처 둘러보지 못한 곳을 다음에는 꼭
들러야겠다고 생각했어요.

아름다운 제주도여, 안녕~. 또 놀러 올게.

하멜표류기
1653년 일본을 향하다가 태풍으로 제주에 표류하게 된 네덜란드 사람 하멜은 13년간 강제로 조선에 머무르게 된단다. 나중에 네덜란드로 돌아가서 그 동안 있었던 일을 정리해 제출한 것이 바로 〈하멜표류기〉이지. 17세기 유럽에서 최초로 발간된 한국 관련 자료이며, 당시 조선의 정치, 교육, 문화, 풍속을 보여 주는 소중한 자료란다.

4·3항쟁
일제에서 해방된 직후 우리나라는 혼란스러웠어. 일본이 물러갔지만 북쪽은 소련이, 남쪽은 미국이 관할하고 있었기 때문이야. 그런 상황에서 남한에서만 따로 단독 선거를 하려 하자, 이를 반대하던 남로당 제주도당 무장대가 봉기를 하게 되었고 무장대와 토벌대의 무력 충돌이 점점 더 커지자 정부에서는 군대를 투입해 제주도 전체를 초토화시켰단다. 이 과정에서 수많은 제주도민이 희생 당한 사건이 바로 4·3항쟁이야.

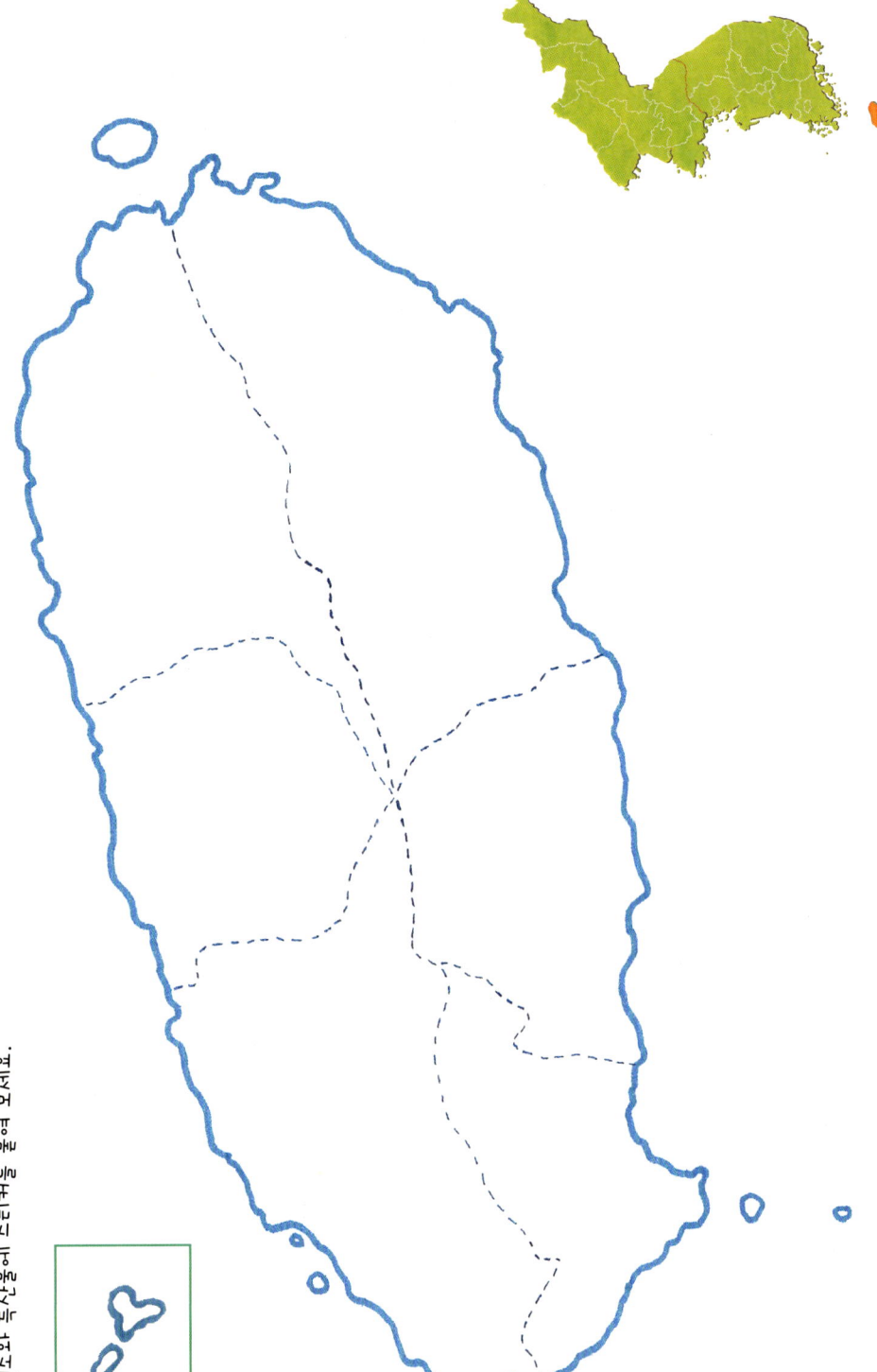

제주도 그리기

• 제주도의 해안선을 따라 그려요.
• 산방산, 성산일출봉, 한라산을 표시해요.

제주도

지도를 그려 볼까? **179**

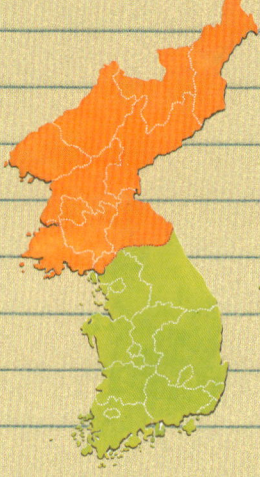

북한도
우리 땅, 친구야

북한은 닿을 수 없지만 여전히 우리의 형제와 동포들이 살고 있는 곳이에요. 어쩌면 실제 거리보다 마음의 거리가 더 멀게 느껴지는 것 같아요. 1948년 9월에 정권이 수립됐고, 정식 명칭은 '조선민주주의인민공화국'이에요. 국제사회에서는 보통 북조선(North Korea)으로 표기하기도 해요.

희원　　마지막으로 제주도까지 보고 나니 우리나라에 대해 더 많이 알게 되었어요. 키가 한 뼘쯤 쑥 커진 느낌인 거 있죠. 할아버지, 정말 고맙습니다.

할아버지　그렇게 말해 주니 할아버지가 더 고맙구나. 그런데 희원아, 제주가 마지막이 아니란다.

윤재　　엥, 할아버지, 그럼 갈 곳이 또 있어요?

다음 날 일요일 아침, 우리는 아빠 차로 자유로를 타고 파주시 탄현면에 있는 오두산 통일전망대에 도착했어요. 북한에서 내려온 실향민들이 고향을 그리며 찾는 곳이래요. 할아버지께서 마지막으로 가야 한다던 곳은 버스로도 기차로도 비행기로도 쉽게 갈 수 없는 곳. 바로 북한이었어요.

할아버지　바로 앞 임진강 건너 보이는 곳이 북한 땅이지.

희원　　서울에서 가까운 데에 이런 곳이 있다니 신기해요.

할아버지　이곳에서 북한과 가장 가까운 거리가 460m라는구나. 전망대 바로 앞에서 북한까지 거리도 3km가 조금 넘는 가까운 거리란다. 눈앞에 바로 보이는데 갈 수 없으니 안타깝지.

윤재　　망원경으로 보니까 북한이 정말 바로 코앞에 있어요. 지금이라도 헤엄쳐서 건너 갈 수 있을 것 같아요.

윤재가 자유형을 하듯이 공중에서 팔을 휘둘렀어요.

할아버지 지금은 우리가 남쪽의 대한민국과 북쪽의 조선민주주의인민공화국으로 나뉘어져 있지만 언젠가 하나 되는 날이 오겠지. 1945년 일제에서 해방된 뒤에 미국과 소련이 각각 우리나라를 나누어 통치하는 기간이 생기는 바람에 같은 민족이 전쟁을 하고 남과 북으로 나뉘어 오랜 세월을 살게 됐구나. 너무 긴 시간 동안 떨어져 살아서 많은 것이 다르고 낯설겠지만 어디에서 살고 있든 우리가 한민족이란 걸 잊어서는 안 되겠지.

윤재 그럼요. '우리는 한겨레다. 단군의 자손이다'란 노래 가사도 있잖아요.

할아버지 그래 그래, 맞다. 그리고 윤재가 그렇게 말하니까 말인데 북한에는 단군왕릉이 있단다.

희원 할아버지, 단군은 신화 속의 인물 아니었어요?

할아버지 단군에 대해서도 남과 북의 생각이 다르단다. 남한에서는 단군을 우리 민족 최초의 국가인 고조선을 세운 신화 속 인물로 여기지. 그러나 북한에서는 단군을 실제 인물로 생각한단다. 1993년에는 단군 유골로 추정되는 뼈를 발견해 과학적으로 연대 측정을 한 결과 5천 년 전 생존했던 사람이란 결과를 내놓았지. 이를 바탕으로 단군릉도 만들었단다.

희원 북한은 옛 고구려 땅이었으니까 고구려 문화재도 많겠죠?

할아버지 그럼. 너희 주몽 알지? 고구려를 세운 주몽이 바로 동명왕인데 그 능이 평양 근처에 있단다. 이를 포함해 2004년에는 북한의 고구려 고분이 유네스코 세계 문화유산으로 지정됐단다. 북한에는 고구려 고분이 90여 기나 되는데, 그 무덤 안에는 당시 생활상을 짐작할 수 있는 벽화들이 그려져 있지. 특히 평양의 덕흥리 벽화 무덤과 삼묘리의 강서 세 무덤이 유명하단다. 그 가운데서도 덕흥리 벽화 무덤은 무덤의 주인이 누구이고 어떻게 살았는지가 잘 기록돼 있지.

언젠가 책에서 봤던 고구려 벽화가 떠올랐어요. 점박이 무늬 옷에 옆으로 여미는 긴 저고리를 입은 고구려 여인의 옷차림과 달리는 말 위에서 사냥을

〈서로 서로 도와가며〉
작사 어효선 | 작곡 정세문

1. 아랫집 윗집 사이에
울타리는 있지만
기쁜 일 슬픈 일 모두
내 일처럼 여기고
서로 서로 도와가며
한집처럼 지내자
우리는 한겨레다
단군의 자손이다

2. 우리집 너희집 사이에
울타리는 있지만
잘못이 있어도 모두
용서하고 타일러
서로 서로 도와가며
형제처럼 지내자
우리는 한겨레다
단군의 자손이다

하는 그림도 생각났어요. 할아버지께서는 고구려 사람들은 이승에서 살 때와 똑같은 집이 필요하다고 생각해서 고분벽화를 그렸다고 하셨어요. 그래서 벽화 속에 우물이며 외양간도 있고, 나들이 행렬도 있다면서요.

할아버지 덕흥리 벽화 무덤에서 2km 정도만 가면 강서 세 무덤이 나오는데 큰 무덤에 그려져 있는 사신도는 고구려 고분벽화 가운데 최고로 친단다.

윤재 아, 사신도! 들어 본 적 있어요. 현무랑 청룡이랑 나오는 그림이요?

할아버지 윤재가 알고 있었구나. 사신은 각기 네 방향을 지키고 있는 상상의 동물이란다. 동서남북 차례대로 청룡, 백호, 주작, 현무를 그린 그림이 그려져 있지.

희원 무덤을 만들고 벽화를 그리던 옛날 화가들은 어떤 기분이었을까? 먼 훗날 사람들이 벽화를 볼 거라고 생각했을까요?

할아버지 아마 그렇진 않았을 거다. 그랬다면 무덤이 열리더라도 훼손되지 않는 재료를 썼을 텐데, 지금 무덤의 벽화들은 시간이 지나면서 형태를 알아볼 수 없을 정도로 훼손되고 있거든.

무용총 고분벽화

윤재   북한의 고구려 무덤들, 직접 한번 가서 보고 싶어요.

할아버지   곧 그런 날이 오겠지. 2018년 남북 정상이 만나서 우리 민족의 앞날에 대해 서로 의견을 나누기도 했으니까.

희원   저도 남과 북이 각각의 장점을 살려 서로 도우면 좋겠어요. 북한은 날씨가 추워서 농사짓기가 쉽지 않으니까 공업이 발달하면 좋잖아요.

할아버지   희원이가 아주 기특한 생각을 했구나. 북한의 경우 주로 70%가 밭농사를 짓는단다. 북한에서 메밀로 만든 냉면이 유명한 것도 논농사가 쉽지 않아서지. 반면 북한은 남한에 비해 천연자원이 풍부하단다. 철광석과 무연탄 같은 지하자원이 많고 개마고원 일대의 침엽수림 지역은 우리나라의 대표적인 목재 생산지로 산림자원이 풍부하지.

> **무산광산**
> 함경북도 무산군에 있는 북한 최대의 철광산이란다. 총 매장량이 30억 톤이나 되고, 채굴 가능 매장량만도 13억 톤이나 된다고 하지.

윤재   역시 통일이 돼야 해. 그래야 남과 북이 서로 모자란 것을 채워 주면서 발전하지.

할아버지   그렇지. 남한과 북한은 이처럼 다르지만 또 한편으론 비슷한 점도 많단다. 예를 들면 남한의 수도인 서울과 북한의 수도인 평양이 그렇지. 서울이 조선의 수도였다면 평양은 고구려의 도읍지였고, 서울에 한강이 있다면 평양에는 대동강이 흐르고 있으며, 우리에게 숭례문이 있다면 북한엔 대동문이 있단다. 또 서울 한강 하구에 김포평야가 있다면 평양에도 대동강 하구에 평양평야가 있고, 서울 가까이에 수도권 공업지역인 인천이 있다면 북한 역시 최대의 항구 도시인 남포가 평양의 관문 구실을 하고 있단다.

윤재   남한엔 한라산 백록담이 있고.

희원   북한에는 백두산 천지가 있어요.

할아버지   녀석들. 하나를 가르쳐 주니 둘을 아는구나. 북한에서는 개성도 빼놓을 수 없는 곳이지. 개성은 고려의 수도였던 도시로 고려 유적이 많이 남아 있단다. 고려 궁궐터였던 만월대, 태조 왕건의 능인 현릉, 정몽주의 한이 서려 있는 선죽교, 고려 성균관과 첨성대가 있지. 당시 개성은 동아시아 무역 거점 도시이기도 했단다. 멀리 아라비아 상인들도 고려를 다녀갔다고 하지. 지금

|희원| 우리나라를 '코리아'라고 부르는 건 옛 고려 때문이란다. 고려의 옛 수도 개성이 있다면 남한에는 신라의 천 년 수도 경주가 있어요.
|할아버지| 하하하. 그게 또 그렇게 되는구나.
|윤재| 와, 그렇게 보니 남과 북이 정말 비슷해요.
|희원| 맞아. 남과 북은 닮았어. 우린 역시 형제야.
|할아버지| 그렇지. 떨어져 지낸 시간이 긴 만큼 서로를 이해하려는 마음부터가 중요하지.

오두산 통일전망대에서는 북한산 송화가루, 고사리 같은 농산물과 들쭉술, 평양소주 같은 특산품도 판매하고 있었어요. 보고 싶을 땐 볼 수 있고, 가고 싶을 때는 언제나 북한에 갈 수 있는 그런 날이 빨리 오기를 윤재와 저는 두 손 모아 기도했어요.

백령도와 연평도

따오기가 흰 날개를 펴고 하늘을 나는 형상과 같다고 해서 이름 붙여진 백령도는 인천에서 북서쪽으로 191.4km 떨어진 서해 최북단 섬이란다. 천연기념물인 점박이물범의 서식지이며, 심청전의 배경이 됐다고도 하는데 실제로 인당수와 연화리가 있지. 연평도 또한 북서쪽 38선과 인접한 섬으로 북한과 매우 가깝지. 1960년대는 조기를 잡는 어장이었지만, 지금은 꽃게잡이로 유명하단다. 1999년과 2002년 북한과의 충돌로 연평해전이 일어났고, 2010년에도 북한과의 충돌로 사상자가 발생하기도 했지.

북한을 그려 보아요

● 점선을 따라 북한 지도를 완성하세요.
● 북한의 명소와 특산물에 스티커를 붙여 보세요.
● 각 도마다 다른 색을 칠하고 이름도 써 보세요.

지도야, 더 알고 싶어
-지도박물관에서 세계지도를 그려요

할아버지와 함께한 이번 여행은 참 즐겁고 유익했어요.
서울 토박이인 우리들은 서울을 떠나 우리나라 곳곳을 다니면서
우리 땅의 아름다움과 정겨움을 맘껏 누렸어요. 여행을 하면서
지도와 친해지는 계기도 되었지요. 지도 보는 법을 배우면서
시작한 여행이니 지도박물관을 방문하는 것으로 마무리를
짓기로 했답니다.

옛 지도는 어땠을까?

지도가 늘 같은 모습이었던 것은 아니에요.
옛 지도는 지금 지도와는 모습도 다르고
담고 있는 내용도 달라요. 옛 지도에 담긴
세상을 살피면 옛날 사람들의 생각도
알 수 있답니다.

"우리나라 지도 하면 떠오르는 분이에요."

할아버지　애들아, 여기가 바로 국토지리정보원이란다. 우리나라 지형을 측량하고 여러 종류의 지도를 만드는 곳이지.

희원　할아버지, 분명히 지도박물관에 가신다고 하셨잖아요?

할아버지　그래, 맞단다. 이 안에 지도박물관이 있거든. 예나 지금이나 지도는 나라의 중요한 재산이란다. 보물지도가 보물이 어디에 있는지를 알려 주는 중요한 정보인 것처럼, 한 나라의 지도는 나라를 지키고 다스리는 데 아주 중요한 정보인 셈이지. 이곳 지도박물관에서는 지도의 기원은 물론 옛 지도에서 현대지도까지 우리나라 지도의 발달 과정과 세계지도의 변천사를 한눈에 볼 수 있단다. 직접 지도를 제작하는 체험장도 있지. 들어가서 지도 구경을 해 볼까? 너희 집에 걸려 있는 지도와 옛 지도가 어떻게 다른지 잘 살펴보렴.

윤재　할아버지, 이 지도는 지도가 아니라 그림 같아요.

할아버지　그것은 옛 서울을 그린 '도성도'라는 지도란다. 윤재 말대로 지도가 한 폭의 그림처럼 보이지. 우리 옛 지도는 나라에서 제공한 지리 정보를 가지고 그림을 전문으로 그리는 화원들이 그렸기 때문에 무척 아름답단다. 이 지도를 자세히 살펴보면 돈화문, 숭례문, 흥인지문은 물론 궁궐과 종묘, 정조 임금의

> **옛 지도를 볼 수 있는 곳**
> ■ 서울대학교 규장각
> '대동여지도'와 '혼일강리역대국도지도'를 볼 수 있는 곳이야.
> ■ 경희대학교 혜정박물관
> 우리나라 최초로 설립된 옛 지도 전문 박물관이지.
> ■ 성신여자대학교 박물관
> '대동여지도'를 비롯해 '동국지도', '천하도', '수선전도' 등의 옛지도를 볼 수 있어.

호위 군대였던 장용영과 도로와 강, 하천의 흐름까지 아주 상세하게 그려져 있단다. 빈 공간에는 5부와 43방 329계의 행정구역도 첨부되어 있지. 지도에서 어디가 북쪽인지 배웠지?

윤재   저 알아요! 위쪽이요. 위쪽이 북쪽이에요.

할아버지   그렇지. 제대로 배웠구나. 그런데 이 지도는 위가 남쪽이고 아래가 북쪽이란다. 남산이 윗부분에, 아래쪽에 삼각산과 도봉산이 넓게 펼쳐져 있지. 임금님이 궁궐에서 정사를 볼 때 남쪽을 향해 앉았기 때문에 이 지도는 임금님이 사용했던 게 아닐까 짐작하고 있단다.

희원   그리고 뭔가 지금 지도보다 더 복잡해 보이기도 해요.

할아버지   지금 지도는 평면에 위치만을 표현해 놓지만 옛 지도는 땅을 살아 있는 생명체로 생각해서 산과 강을 마치 사람의 뼈나

도성도

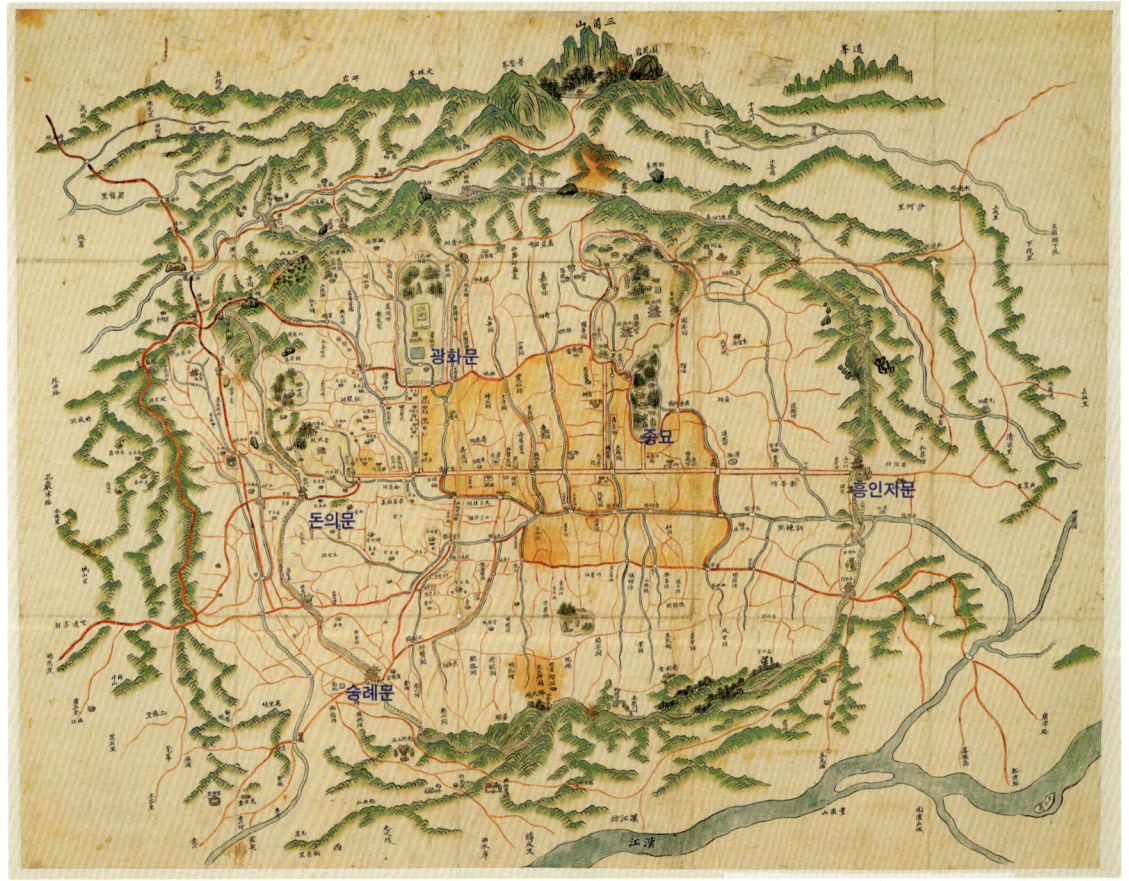

혈관처럼 표현하고 있단다. '서북피아양계만리일람지도'를 보렴. 또 다른 조선 시대 지도란다.

윤재 　이름이 정말 길어요. 절대 못 외우겠다.

할아버지 　하하. 그래. 이름이 좀 길지. 이것은 우리나라 서북쪽 청나라와의 경계 지역 만 리를 그린 지도란다. 만주지방과 러시아 연해주까지 포함하고 있는데 아무르 강에서 산해관에 이르는 지역이 아주 상세하게 그려져 있단다. 모든 산줄기가 백두산과 통하고, 줄기에 의해서 물줄기의 흐름이 결정된다는 백두대간의 원리를 한눈에 알 수 있게 제작된 지도란다.

희원 　산맥이 마치 살아서 꿈틀거리는 것처럼 보여요. 그리고 백두산도 보여요. 와! 드디어 찾았다. 할아버지, 대동여지도예요.

할아버지 　지도 얘기를 하면서 '대동여지도'를 빼놓을 수 없지. 우리나라 어디에도 대동여지도를 원래 크기대로 걸어 놓은 곳은 없단다. 실제 크기의 대동여지도를 걸어 두려면 7층 이상의 건물이 필요하기 때문이지.

윤재 　에에? 정말? 그렇게 커요?

할아버지 　그러엄. 대동여지도는 한반도를 북에서 남까지 동서로 끊어 22폭으로 나눠 담은 것이란다. 가로 3m, 세로 7m나 되는 큰 지도지. 규장각을 비롯해 여러 박물관에 대동여지도 목판본이

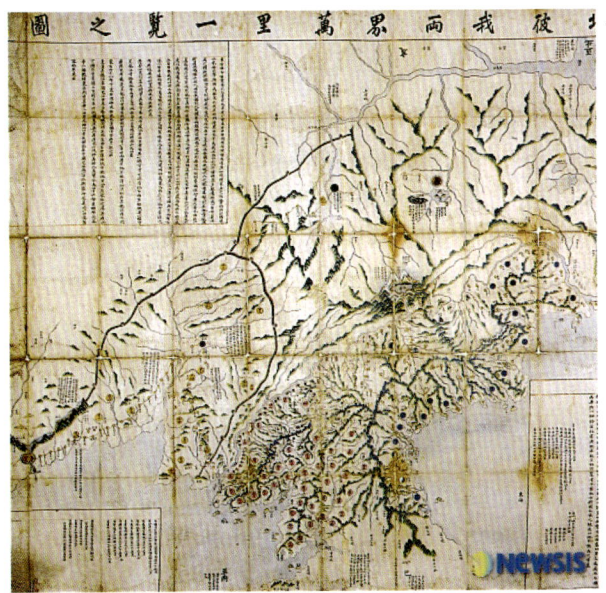
서북피아양계만리일람지도

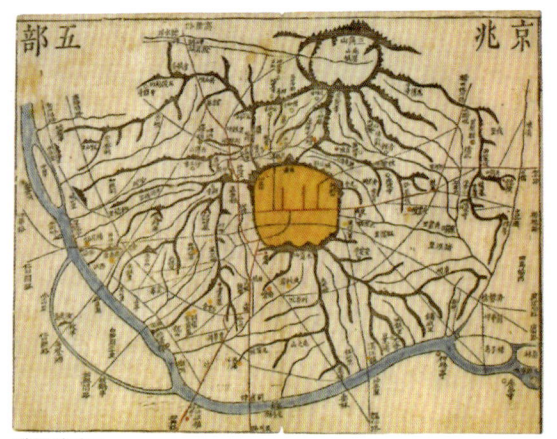
대동여지도

접은 대동여지도

　　　　　남아 있단다. 70여 장의 목판에 새겨서 만든 22개의 첩을 모두 붙이면 조선전도가 된다는구나.
희원　　진짜 크다! 하지만 접어서 가지고 다닐 수 있으니까 편리했겠어요. 그런데 할아버지, 대동여지도를 불태워서 원본이 남아 있지 않다는 얘기를 들었는데 사실이에요?
윤재　　누나, 그거 다 거짓말이래. 김정호에 대한 것도 그렇고…….
할아버지　그래, 윤재 말대로 대동여지도를 만든 김정호에 대해서 잘못 알려진 사실들이 있지. 김정호가 직접 발로 다니면서 지도를 제작했다는 것과 지도를 제작해서 벌을 받았다거나 지도가 불태워졌다는 것은 모두 사실이 아니란다. 물론 여러 해에 걸친 현지 답사와 고증도 있었지만 한편으로 대동여지도는 당시 있었던 모든 지리 자료를 집대성한 것이라고 할 수 있거든. 지도는 군사와 행정의 중요한 자료이기 때문에 아무나 함부로 가질 순 없었지만 그렇다고 해서 벌을 받았다는 것 또한 사실과 맞지 않아. 김정호와 함께 지도를 만든 사람들 역시 벌을 받았다는 기록은 어디에도 없단다.
윤재　　뭔가 음모가 있어!
희원　　맞아. 아름다운 우리 지도를 헐뜯고 우리의 자부심을 무너뜨리려는……. 그런데 할아버지, 옛날에 우리나라 지도 말고 세계지도도 있었어요?
할아버지　있다마다. 우리나라에 처음 들어온 세계지도는 이탈리아 신부

 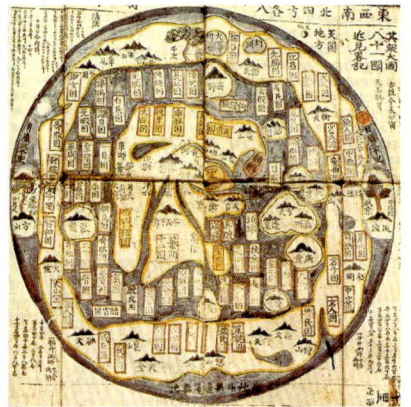

곤여만국전도　　　　　　　　　　천하도

　　　　마테오 리치의 '곤여만국전도'를 필사한 '곤여만국전도'란다.
　　　　바다를 두 겹의 곡선으로 구불구불하게 물결치는 듯이 그려 놓은
　　　　것은 우리나라 지도에서는 볼 수 없는 표현이지.
희원　　그럼 옛날 사람들도 지금처럼 여러 나라가 있다고 생각한 거예요?
할아버지　옛 사람들도 세상에 또 다른 나라들이 있을 거라고 생각은
　　　　했지만, 지도를 그릴 적에는 상상력이 곁들여졌단다.
　　　　《산해경》이라는 책에 '천하도'라는 세계지도가 있는데, 둥글게
　　　　표현한 세계의 중앙에 중국과 조선, 일본 같은 실제 나라는 물론
　　　　눈이 하나뿐인 사람들이 사는 일목국이나 몸에 털이 난 사람들이
　　　　사는 모민국, 머리가 3개인 사람들이 사는 삼수국 같은 상상 속
　　　　나라들도 표시해 놓았지.
윤재　　혹시 우리가 아직 찾지 못한 나라 중에 '천하도'에 나오는 그런
　　　　나라들이 있는 건 아닐까요? 몸이 3개인 삼신국, 인어들이 사는
　　　　저인국······. 이런 나라들요.
희원　　아이쿠! 윤재, 너다운 상상력이다.
할아버지　이처럼 옛 지도 속에는 당시 사람들이 생각하던 세상이 들어가
　　　　있지. 그래서 지도에는 이 '세상'도 있고, 세상을 향한 '생각'도
　　　　담겨 있는 거란다.
희원　　할아버지, 우리 옛 지도 정말 아름다워요. 이런 지도가 집에 걸려
　　　　있다면 늘 어디론가 떠나고 싶을 것 같아요.
윤재　　누나, 이제 여행 마무리하고 있는데 다시 떠나겠다고? 참아 줘!

기준을 바꾸면 우리가 세계 중심이야

늘 같은 지도를 보면 그에 익숙해지기 마련이에요. 어디를 중심에 두느냐에 따라 지도의 모습이 달라진답니다. 지도를 보는 기준을 달리하면 이 세상을 보는 우리의 눈도 바뀌어요.

할아버지   희원아, 윤재야! 방학 동안 우리 땅을 누비며 우리가 살고 있는 곳에 대해 공부하고 지도 보는 법도 배웠지. 옛 지도도 구경했고. 이제 정말 지도에 대해서 중요한 것을 생각해 볼 시간이야.

윤재   방위, 축척, 기호 말고 또 중요한 것이 있어요, 할아버지?

할아버지   물론 그것들도 중요하지만 지도를 볼 때 중요한 또 한 가지는 바로 지도를 보는 '관점'이란다. 우리가 흔히 보는 세계지도를 한번 볼까? 유럽인들이 자신들을 위주로 지도를 그린 거라 당연히 아프리카는 아래에 있지. 우리는 아무런 의심도 생각도 없이 이 지도를 사용해 왔어. 하지만 아래 지도를 보렴. 위와 아래를 바꾸자 오스트레일리아가 세계의 중심에 있고 유럽이 아니라 아프리카가 먼저 보이지.

흔히 보는 세계지도

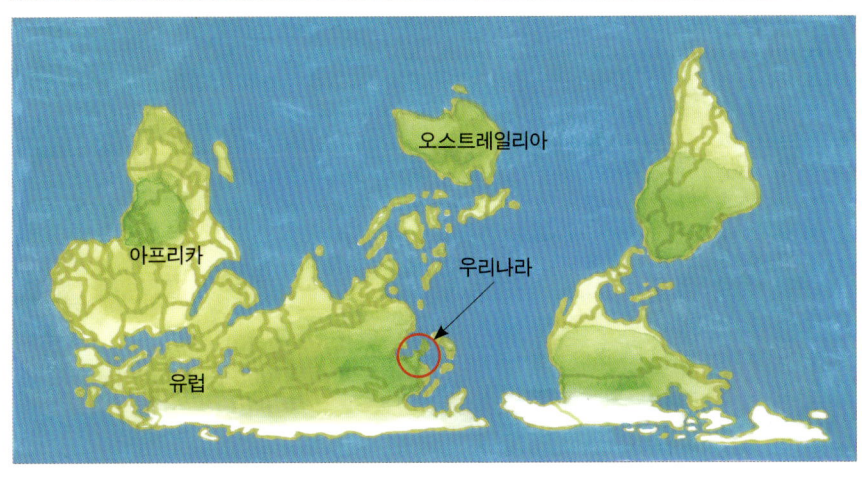

거꾸로 놓은 세계지도

윤재	그렇구나. 왜 그동안 지도를 한 번쯤 뒤집어 볼 생각을 못해 봤을까? 지도를 한 바퀴 돌려 보니 새로운 세상이 보여요.
희원	할아버지, 우리를 중심에 두고 지도를 보란 말씀이시죠?
할아버지	그렇단다. 둥근 지구에는 위아래는 물론 반드시 어떤 부분이 중심이라는 정해진 기준도 없단다. 우리 스스로가 우리를 중심으로 생각하는 일이 중요해. 그동안 보아 왔던 세계지도에서 우리나라는 유라시아 대륙의 끄트머리에 매달린 작은 나라였지만, 지도를 거꾸로 놓고 보면 대양을 향해 힘차게 뻗어나가는 모습이 된단다.
희원	기준을 바꾸고 고정관념을 버리니까 우리나라가 새롭게 보여요.
할아버지	그래 그렇지. 어떻게 생각하느냐에 따라 행동이 바뀌고 행동이 바뀌면 미래도 달라진단다. 우리가 바로 세계의 중심이고, 너희가 바로 세상의 중심이라는 걸 잊지 말거라. 세상의 기준이 아니라 스스로의 기준을 갖도록 노력하려무나.
희원, 윤재	네. 할아버지

할아버지와 함께 전국을 누비다 보니 어느덧 방학 끝자락에 왔어요. 밀린 숙제며 방학 마무리를 서둘러야겠어요. 태양 아래 그을린 새까만 얼굴로 전국여행에 대한 얘길 하면 친구들이 얼마나 부러워할까요? 할아버지와 서울에서부터 제주까지, 아니 비록 멀리서 바라보았지만 북한까지 우리 땅을 힘껏 보듬은 것도 좋았고, 지도에 대해 더 많이 알게 된 것도 좋았어요. 정말 중요한 건 우리 자신, 우리 스스로의 기준을 세워야 한다는 것을 알게 됐어요. 그래야만 지도도 우리 땅도 더 멋지게 사랑할 수 있으니까요.

여행을 마치면서

희원

밭에서 파란 고추를 따실 때 할아버지께서 이렇게 물어보셨어.
"희원아, 너는 흙냄새를 맡아 본 적 있니?"
나는 고개를 살래살래 저었어. 그러자 할아버지께선 이렇게 말씀하셨지.
"햇빛이 쨍- 하고 내려쬐는 날, 종일 비가 오는 날, 구름이 잔뜩 낀 날, 흙냄새는 늘 다르단다. 가끔 할아버지 말이 생각나면 희원이도 흙냄새를 맡아 보렴."
이번 여행을 마치면서 나는 그때 할아버지께서 말한 흙냄새에 대해 생각해 보았어. 윤재랑 할아버지랑 밟은 우리 땅 곳곳은 다양한 이름만큼 색다른 흙냄새들로 가득했거든. 그 냄새는 우리의 할아버지와 할머니들이 아주 오랫동안 쌓아 온 소중한 것이고 이제 우리가 그것을 지켜야 한다는 것을 어렴풋이 알 수 있었어. 이번 여행을 통해서 생각의 키가 조금 더 커진 것 같지 뭐야.
친구들아, 나와 윤재와 함께한 여행 재미있었니? 너희의 지도 공부에 조금이라도 도움이 되었으면 좋겠어.

윤재

나는 그림 그리는 것을 별로 좋아하지 않아서 미술 시간이 늘 싫었어. 더구나 지도를 내 손으로 그리게 될 줄은 몰랐다니깐. 하지만 손으로 직접 그리면 지도를 보는 것도 재미있고 쉬워진다는 것을 알게 되었어. 지도에 나와 있는 곳을 직접 찾아가는 것은 마치 눈으로 점찍어 둔 아이스크림을 직접 먹어 볼 때처럼 짜릿했어.
누나와 내가 여행한 곳들은 기억에 오래 남을 것 같아. 이상하고 못생긴
짱뚱어의 맛을 지금도 기억하는 것처럼 말이야.
얘들아, 나는 말이지. 이순신처럼 멋진 장군이 되는 것도 꿈이지만 우리
할아버지처럼 기관사가 되어 전국을 돌아다니는 것도 근사한 일이라고
생각해. 아아아- 상상해 봐. 갑옷을 입고 기차를 운전하는 최초의 기관사.
어때? 내가 운전하는 기차는 아마 북한 땅 끝까지도 다닐 수 있을 거야.
너희 가운데 내가 운전할 기차를 타고 싶은 사람 있으면 손들어 봐.
지금 손든 사람은 공짜로 태워 줄게. 큭.

할아버지

너희는 한 번쯤 지구본을 본 적이 있을 거야. 파란
지구본에서 선뜻 우리나라 땅을 찾기란 쉽지 않지. 왜냐하면 다른
나라보다 큰 땅을 갖고 있지 못해 눈에 잘 띄지 않으니까. 하지만 거대한
사막이나 높고 험한 산, 값비싼 석유가 없어도 이 작은 우리 땅에는
여러 가지 아름다운 보물들이 숨겨져 있다는 사실을 기억하렴.
이번 여행에서 너희가 그 보물들을 발견할 수 있었다면 이 할아버지는
정말 기쁘겠구나. 언젠가는 그것들을 직접 보러 떠날 날이 찾아오겠지?
그때 우리가 함께했던 이 여행을 꼭 기억하려무나.

우리나라 세계 유산에 스티커를 붙여요

우리나라에는 다음과 같은 유네스코 세계 유산이 있어요. 우리가 잘 지켜서 후손들에게 물려줘야 하는 소중하고 자랑스러운 것들이지요. 지도 위에 세계 유산 스티커를 붙여 보아요.

석굴암, 불국사
경상북도 경주시 토암산에 있으며 신라 시대 김대성이 창건했다. 신라의 불교 문화를 잘 보여 주는 두 곳은 1995년에 함께 유네스코 세계 문화 유산으로 등재되었다.

해인사 장경판전
경상남도 합천군 가야산에 있는 해인사 건물 가운데 가장 오래된 것으로써 13세기에 만들어진 고려 대장경판 8만여 장을 보관하고 있는 곳이다.

종묘
서울특별시 종로구에 있으며 조선왕조의 왕과 왕비 등의 신주를 모신 사당이다. 신주가 늘어날수록 건물 또한 확장되어서 옆으로 긴 모양을 하고 있다. 세계적으로도 독특한 건축 유형을 볼 수 있는 곳으로 손꼽힌다.

창덕궁
서울특별시 종로구에 있으며 조선 태종 때 창건한 궁궐이다. 자연과 조화를 이룬 아름다운 조선 시대의 건축 양식을 대표한다.

화성
경기도 수원시에 있으며 조선 정조 때 지어진 성이다. 평산성(평지와 산을 이은 성) 형태로 과학적이고 합리적인 방법으로 지어졌다.

경주 역사유적지구
신라의 도읍지였던 경주시는 마치 거대한 박물관에 온 듯한 착각이 들 만큼 시 전체가 유적지로 가득하다. 경주 역사유적지구는 신라의 불교, 과학, 역사를 모두 볼 수 있는 곳으로 남산지구·월성지구·대릉원지구·황룡사지구·산성지구로 나뉘어져 있다.

고창·화순·강화 고인돌 유적
우리나라 청동기 시대의 대표적인 무덤인 고인돌이 밀집되어 있어 당시의 사회상을 볼 수 있는 귀중한 유적이다. 세계 어느 나라도 이처럼 고인돌이 많은 곳은 드물다고 한다.

제주 화산섬과 용암동굴
약 180만 년 전부터 화산활동을 통해 만들어진 화산섬인 제주도는 다양한 식물 종과 특이한 경관을 가지고 있다. 덕분에 한라산, 성산일출봉, 거문오름용암동굴계가 세계 자연유산으로 지정되었다.

조선왕릉 40기
조선왕조(1392~1910)와 관련된 무덤들을 말한다. 조선왕릉은 봉분과 조각, 건축물들의 전체적인 조화, 보존 상태 등의 가치를 인정받아 문화 유산에 등재되었다. 총 42기이지만, 제릉과 후릉은 북한에 있다.

안동 하회마을과 경주 양동마을
한국의 씨족마을을 대표하는 곳으로 조선 시대 양반 문화를 잘 보여 준다. 전통적인 가정의례와 마을 행사를 지금도 이어가고 있다. 엘리자베스 2세 영국 여왕이 가장 한국적인 문화를 체험하기 위해 하회마을을 방문했었다.

2010년 이후 선정된 우리나라 유네스코 세계 문화유산

남한산성
경기도 광주시, 성남시, 하남시 주변 산에 유사시를 대비해 건설한 산성이다. 적의 공격을 피할 수 있도록 도시를 요새화한 뛰어난 사례로, 2014년에 유네스코 세계 문화유산으로 등재되었다.

한국의 서원
조선 중기에 성리학을 바탕으로 정치를 주도한 양반 계급에 의해서 만들어진 교육 시설이다. 서원은 전국에 걸쳐 성리학을 전파하는 데 크게 기여했다. 경상북도 영주시의 '소수서원', 전라남도 장성군의 '필암서원'을 포함한 9개의 서원이 유네스코에 등재되었다.

산사, 한국의 산지 승원
오랫동안 불교 신앙을 바탕으로 수행과 신앙, 생활을 했던 사찰을 말한다. 충청남도 공주 마곡사, 전라남도 해남 대흥사, 경상북도 영주 부석사를 포함한 7개의 사찰이 2018년 유네스코 세계 유산으로 등재되었다.

백제역사유적지구
충청남도 공주시와 부여군, 전라북도 익산시에 분포된 송산리 고분군, 정림사지를 포함한 8개의 고고학 유적지를 말한다. 이 유적지들은 475년~660년 동안 백제 왕국의 역사와 문화를 잘 보여 주고 있다.

- 자료 출처 : 문화재청, 유네스코 한국위원회

우리나라 특산물에 스티커를 붙여요

우리나라 각 지방마다 고유의 특산물이 있어요. 지도 위에 특산물 스티커를 붙여 보아요.
산 좋고 물 좋고 사람 좋은 우리나라의 특산물이 무엇인지 기억하기 쉬울 거예요.

강화 화문석
돗자리를 만드는 왕골은 강화도에서만 난다고 한다. 하얀 왕골을 염색한 뒤에 무늬를 넣으면 꽃처럼 아름다운 돗자리, 화문석이 된다.

경기도 이천 도자기
이천이 도자기로 유명해진 것은, 도자기를 만드는 데 필요한 흙과 땔감을 쉽게 구할 수 있기 때문이다. 물론 많은 도공이 이곳에 정착해서 열심히 활동한 결실이기도 하다.

경기도 안성 유기(놋그릇)
놋그릇은 예로부터 양반들이 주로 주문 제작해서 사용했는데 안성에서 만든 것을 마음에 꼭 들어 했다고 한다. 그래서 '안성맞춤'이란 말도 생겼다.

충청남도 서천 한산모시
모시풀은 따뜻한 지방에서만 자라고, 줄기가 약해서 바람이 너무 센 곳에서도 자라지 못한다. 모시가 자라기에 딱 좋은 곳이 바로 한산이다. 한산모시는 결이 곱고 가늘어서 밥 그릇 하나에 모시 한 필이 다 들어간다는 말도 있다.

전라북도 전주 한지
전주는 한지의 원료가 되는 닥나무가 많아서 종이와 관련된 특산품도 많다. 궁궐에서 사용하는 부채 역시 모두 전주 부채였다고 한다.

전라북도 남원 목기
목기는 나무로 만든 제품을 말한다. 지리산을 끼고 있는 남원은 재질이 단단하고 향이 좋은 우리나라 토종 나무가 많아서 전국에서 가장 질이 좋은 목기를 만들 수 있는 곳이다.

전라남도 나주 배
전라도를 대표하는 평야 지대가 바로 나주다. 나주의 흙은 물 빠짐이 좋고 유기질이 풍부한 데다가 기후와 강수량, 일조량이 과일나무를 재배하는 데 좋은 조건을 가졌다고 한다. 맛있는 배가 열리는 최적의 환경을 가진 셈이다.

전라남도 완도 김
완도 하면 김, 김 하면 완도라고 할 정도로 특산물로 유명하다. 김뿐만 아니라 완도의 미역, 다시마도 맛있다.

전라북도 보성 녹차
우리나라 녹차 생산량의 40%는 보성이 차지하고 있다. 보성은 물 빠짐이 좋고 밤낮의 온도차가 커서 맛과 향이 좋은 차를 얻을 수 있다고 한다.

강원도 강릉 초당두부
강릉에서는 천일염이 생산되지 않기 때문에 동해를 간수로 이용해서 두부를 만든다. 강릉부사 초당 허엽(許曄)이란 사람의 아이디어였는데, 맛이 좋다는 소문이 나자 자신의 호를 붙여 초당두부라고 이름 지었다고 한다. 허엽은《홍길동》을 쓴 허균과 여류시인 허난설헌의 아버지다.

강원도 태백 고랭지배추
강원도는 산지가 많고 해발고도가 높아서 농사짓기가 힘들지만 높고 서늘한 곳에서는 고랭지농업으로 무와 배추 재배가 가능하다.

충청북도 음성 고추
음성 고추는 매우면서도 단맛이 난다. 고추를 재배하는 데 일조량이 적당하고, 일교차가 크기 때문에 영양가도 많다고 한다. 매년 10월이면 고추 축제가 열린다.

경상북도 안동 안동포
안동포는 안동 지방에서 나는 삼베를 말한다. 삼베는 '삼'이라는 풀의 줄기로 짜는 옷감이다. 안동 땅은 모래와 찰흙으로 이루어져 있어서 삼이 가늘고 곱다. 그래서 베를 짜 놓으면 최고의 상품이 되었다고 한다. 신라 선덕여왕 때 신라 아낙네들의 베 짜기 대회에서 안동포가 최고로 뽑혔다니 그 역사가 아주 오래되었다.

경상북도 의성 마늘
한지마늘로는 전국 1위의 생산량을 자랑한다. 여름과 겨울, 밤낮의 온도차가 심한 기후와 토양 때문에 향이 독특하고 덧쪽이 없는 6쪽 마늘로 유명하다.

경상남도 기장 미역
기장은 동해와 남해가 접하는 청정 해역이다. 이곳에서 생산되는 미역과 다시마는 품질이 우수하고 맛도 뛰어나서 기장을 전국에 알리는 일등 공신이나 다름없다.

경상남도 통영 나전칠기
나전칠기는 옻칠을 한 나무 제품 위에 전복·소라·조개껍데기를 붙여서 만드는 공예품을 말한다. '나'는 소라를 말하고, '전'은 꾸민다는 뜻이다. 통영은 앞바다가 깨끗해서 전복을 쉽게 구할 수 있어, 멋진 나전칠기로도 유명하다.

제주도 귤
기록에 따르자면 백제 때부터 귤을 먹었다고 한다. 제주 감귤은 씨가 없고 맛도 좋아서 인기가 많다. 옛날에는 감귤이 제주도에서 임금님께 올라오면 신하들과 함께 나눠 먹으려고 '황감제'라는 과거 시험을 실시했을 정도로 귀한 대접을 받았다고 한다.

우리나라 축제에 스티커를 붙여요

우리나라 각 지방에서 열리는 축제들이에요. 저마다 특색 있는 볼거리와 먹을거리를 뽐낸답니다. 지도 위에 스티커를 붙여 보아요. 어떤 축제에 가 보고 싶나요?

① 아산 성웅 이순신축제(옛 온양문화제)
충무공 이순신의 탄신일과 호국정신을 기념하기 위해 충청남도 아산시에서 개최하는 문화축제. 현충사와 충무공 동상 앞에서 여러 가지 행사를 볼 수 있다.

② 생거진천 문화축제
충청북도 진천은 신라 화랑이었던 김유신 장군의 고향이다. 들이 넓고 먹을거리가 풍부해 살기 좋은 곳이라는 뜻에서 '생거진천'이라고 불렸다.

③ 은산별신제
'별신제'란 마을의 수호신에게 지내는 제사를 말한다. 충청남도 부여군 은산면에서 열리는 별신제는 중요 무형문화재로 지정되어 있다. 억울하게 죽은 넋을 위로하고 마을의 풍요와 평화를 기원하는 행사다.

④ 부여 백제문화제
금강과 백마강에서 피어난 백제의 아름다웠던 문화를 볼 수 있는 축제다. 백제 문화를 알리기 위해 충청남도 공주와 부여에서 홀수 해와 짝수 해에 번갈아 개최하던 것을 2007년부터는 매년 동시에 하고 있다.

⑤ 남원 춘향제
이도령을 향한 사랑으로 알려진 춘향이의 얼과 정절을 기리는 행사가 매년 5월이면 전라북도 남원에서 열린다. 그네와 널뛰기 대회가 열린다.

⑥ 금산인삼축제
충청남도 금산은 예부터 인삼이 유명한 곳이다. 인삼에 대한 모든 것을 볼 수 있는 행사다.

⑦ 이천도자기축제
도자기의 재료는 흙과 물이다. 이천의 좋은 흙과 물로 빚은 도자기는 아주 유명하다. 이천 도자기의 우수성을 알리면서 세계 도자기들도 감상할 수 있는 행사다.

⑧ 철원 태봉문화제
궁예는 후고구려를 계승하여 '태봉'이라는 나라를 세웠던 인물이다. 태봉의 문화와 전통을 기리기 위해 강원도 철원에서 열리는 행사다.

⑨ 세종문화큰잔치
경기도 여주에 있는 영릉은 세종대왕의 능묘가 있는 곳이다. 여주에서는 세종대왕의 업적과 얼을 기리기 위해 축제를 여는데 특히 이곳에 가면 다양한 한글 행사를 볼 수 있다.

⑩ 강릉단오제
유네스코 지정 인류 구전 및 무형유산에 등록되어 있는 단오제는 5일 동안 열린다. 강릉 사람들의 풍년·풍어·안녕을 기원하는 행사로 깊은 역사를 가지고 있다.

⑪ 영월 단종제
억울하게 죽은 조선의 제6대 임금인 단종의 넋을 기리기 위해 열리는 행사다. 영월에 있는 청령포를 바라보면 한양을 떠나 유배되었던 단종의 슬픈 삶이 떠오른다.

⑫ 통영한산대첩축제
임진왜란 당시 일본의 수군을 크게 무찌른 한산대첩을 기념하고 이순신 장군의 공을 기리기 위해 열리는 경상남도 통영의 큰 축제다.

손으로 그려 봐야 우리땅을 잘 알지

1판 1쇄 발행 | 2011년 2월 15일
개정 4쇄 발행 | 2025년 2월 21일

글 | 구혜경, 정은주
그림 | 김효진
펴낸이 | 이재일

편집 | 조연진
제작·마케팅 | 강지연, 강백산
디자인 | 이진숙

펴낸곳 | 토토북
출판등록 | 2002년 5월 30일 제2002-000172호
주소 | 04034 서울시 마포구 잔다리로7길 19, 명보빌딩 3층
전화 | 02-332-6255
팩스 | 02-6919-2854
홈페이지 | www.totobook.com
전자우편 | totobooks@hanmail.net
인스타그램 | totobook_tam

ISBN 978-89-6496-022-6 73980

ⓒ 구혜경, 정은주, 김효진 2011

이 책은 저작권법에 의해 보호를 받는 저작물이므로 무단 전재 및 무단 복제를 금합니다.
잘못된 책은 구입하신 곳에서 바꾸어 드립니다.

※사진 제공 : 132쪽 국립5·18민주묘지, 140-141쪽 해인사, 147쪽 거제시청

KC
- 제품명: 손으로 그려 봐야 우리 땅을 잘 알지 | 제조자명: 토토북 | 제조국명: 대한민국 | 전화: 02-332-6255
- 주소: 서울시 마포구 잔다리로7길 19, 명보빌딩 3층 | 제조일: 2025년 2월 21일 | 사용연령: 8세 이상
- KC 인증 유형: 공급자 적합성 확인
- KC마크는 이 제품이 공통안전기준에 적합하였음을 의미합니다.

⚠ 주의 책의 모서리에 다치지 않게 주의하세요.

별책부록

지도를 그리는 지도책
한 번 더 그려 봐!

마음껏 그리고 색칠해요.

구혜경·정은주 글 | 김효진 그림
류재명(서울대 지리교육과 교수) 추천

자꾸 그리다 보면 우리나라 지리에 밝아져요.

신나는 지도놀이!

토토북

호랑이를 닮은 우리나라를 그려 보자

처음 그려 보는 우리나라 전도.
어때 멋있지! 너희도 따라 그려 봐.
우리나라의 모양이 머릿속에
쏙쏙 그려질 거야.

전도의 테두리와 도의 경계선을 따라 그려 봐.

도별로 다르게 색칠을 하면 더욱 멋지지 않을까?

어른들이 그려 놓은 저 선을 넘어 북쪽의 아이들과도 놀 수 있는 그날이 빨리 왔으면 좋겠어요.

함경북도 · 나선특별시
양강도
자강도
함경남도
평안북도
평안남도
■ 평양직할시
남포특급시
황해북도
황해남도
강원도
휴전선
경기도
인천광역시 · 서울특별시
울릉도
독
충청북도
충청남도
경상북도
■ 대전광역시
대구광역시
전라북도
울산광역시
경상남도
■ 광주광역시
부산광역시
전라남도

제주특별자치도

서울을 그려 보아요

- 점선을 따라 서울 지도를 완성하세요.
- 각 구의 이름을 쓰고, 저마다 다른 색깔로 칠해 보세요.
- 서울의 위치를 우리나라 전도에서 확인하세요.
- 한강의 다리를 표시하고 이름을 써 보세요.

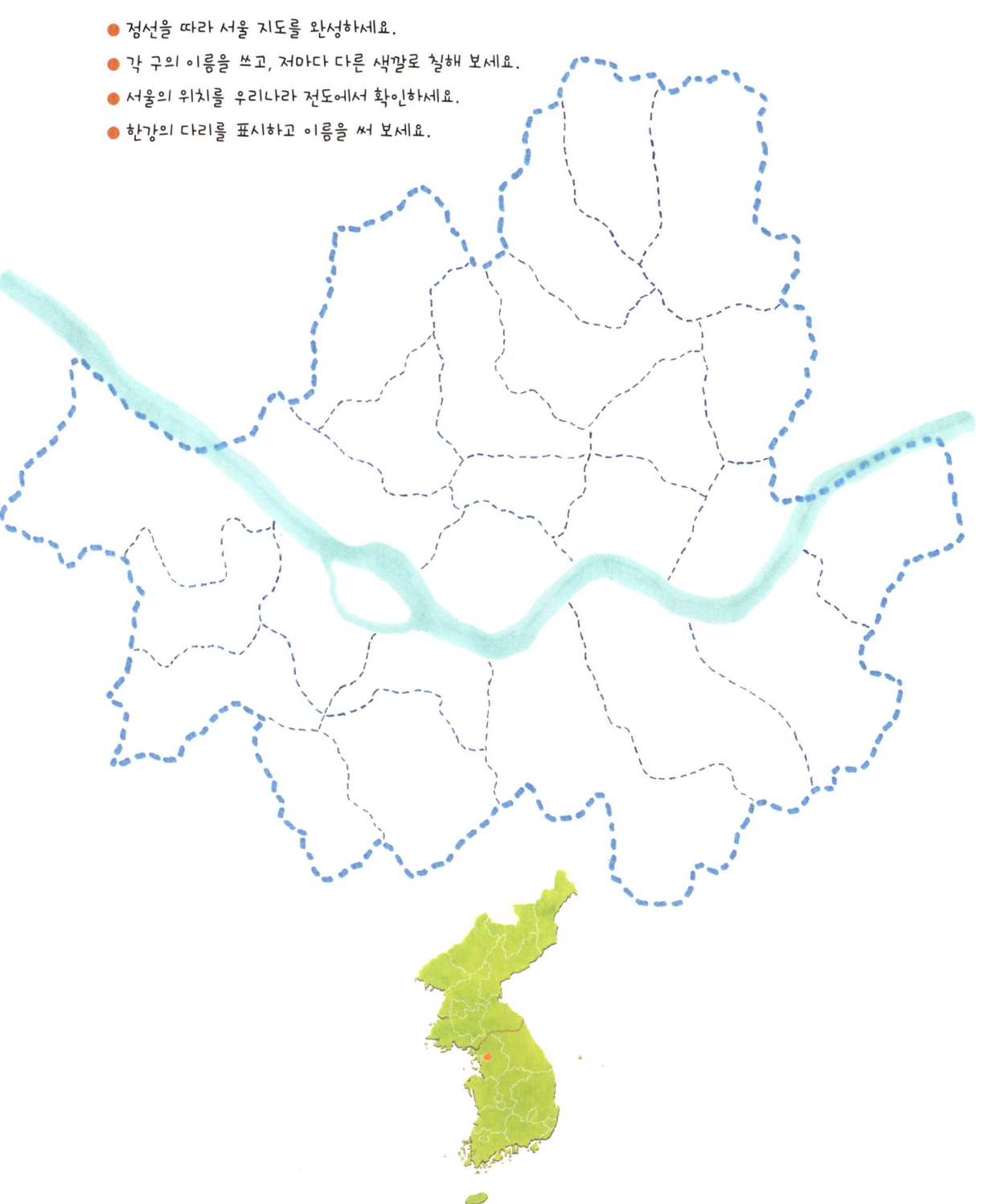

경기도를 그려 보아요

- 점선을 따라 경기도 지도를 완성하세요.
- 경기도의 위치를 우리나라 전도에서 확인하세요.
- 서울특별시와 인천광역시에는 빗금을 그어 보세요.
- 각 시군마다 다른 색을 칠하고 이름도 써 보세요.

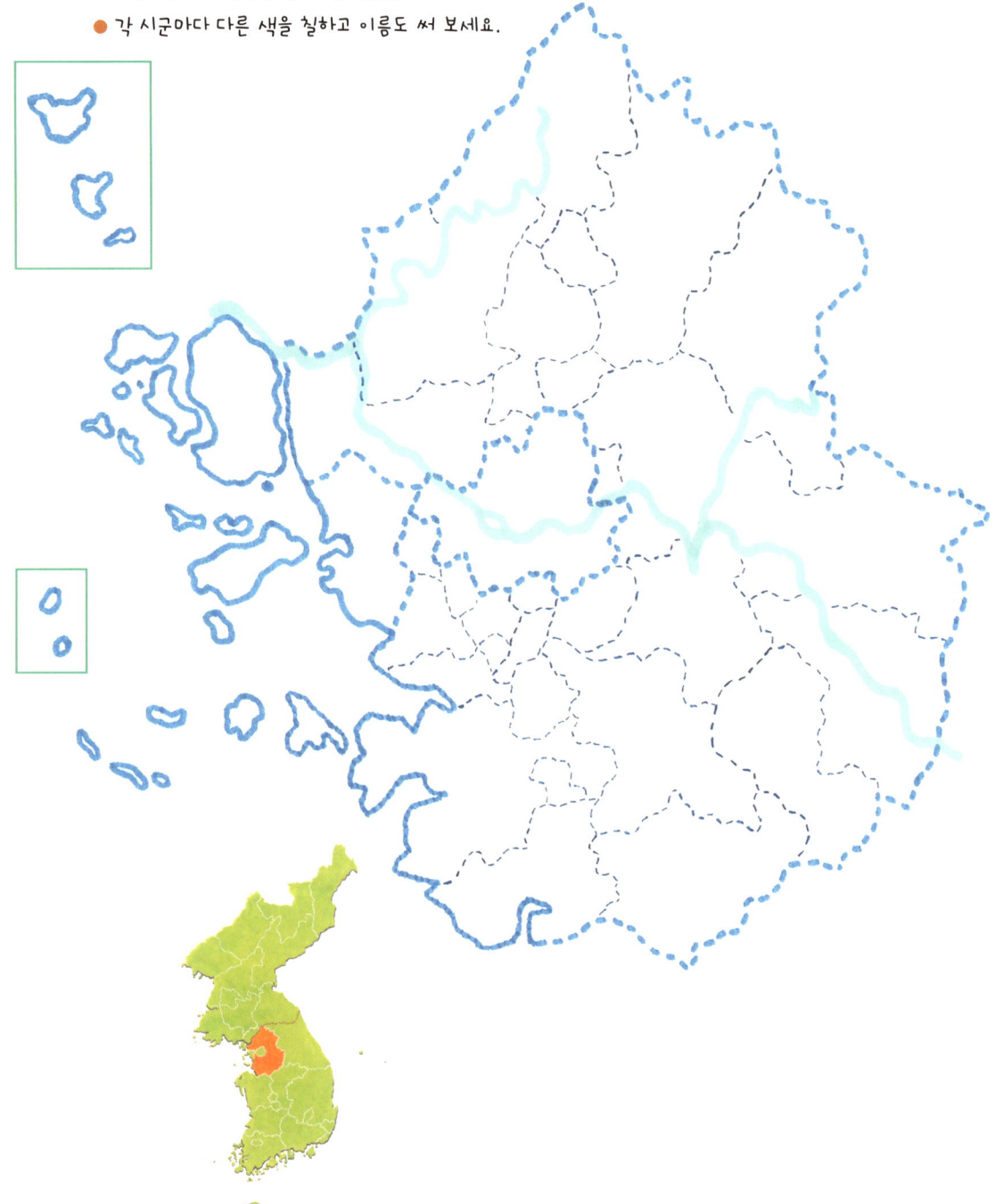

강원도를 그려 보아요

- 점선을 따라 강원도 지도를 완성하세요.
- 강원도의 위치를 우리나라 전도에서 확인하세요.
- 각 시군마다 다른 색을 칠하고 이름도 써 보세요.
- 휴전선에는 빨간 색을 칠하고, '없어져랏!' 하고 주문을 외워 보아요.

충청남도를 그려 보아요

- 점선을 따라 충청남도 지도를 완성하세요.
- 충청남도의 위치를 우리나라 전도에서 확인하세요.
- 각 시군마다 다른 색을 칠하고 이름도 써 보세요.

충청북도를 그려 보아요

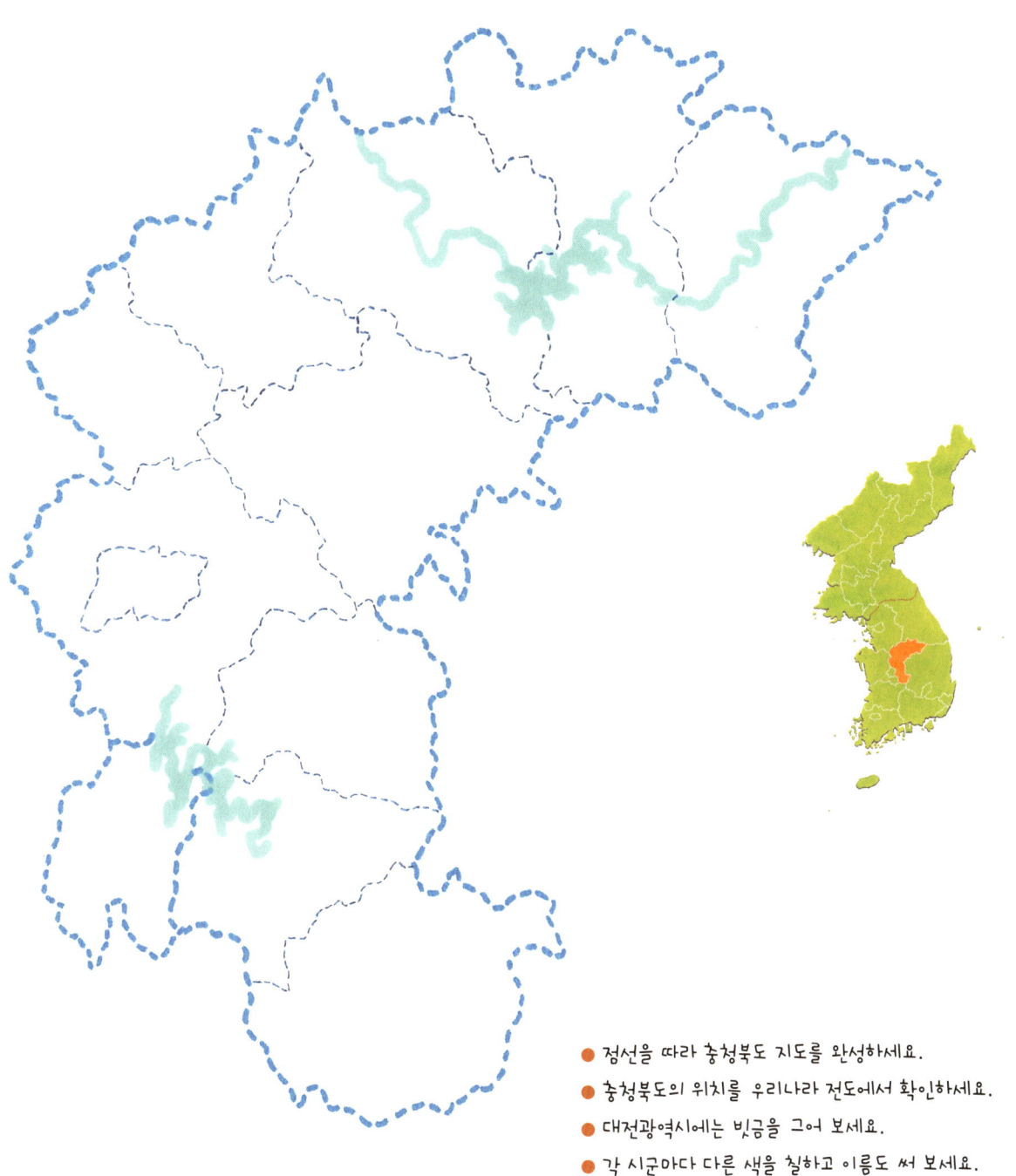

- 점선을 따라 충청북도 지도를 완성하세요.
- 충청북도의 위치를 우리나라 전도에서 확인하세요.
- 대전광역시에는 빗금을 그어 보세요.
- 각 시군마다 다른 색을 칠하고 이름도 써 보세요.

영암군 (군, 郡) 돋을새김 지도

- 영암에서 주로 볼 수 있는 산, 강 등을 그려봅니다.
- 영암의 이웃해 있는 시·군·구의 이름과 특산물을 조사해봅니다.
- 영암이 속해 있는 지역과 그곳의 특산품을 조사해봅니다.

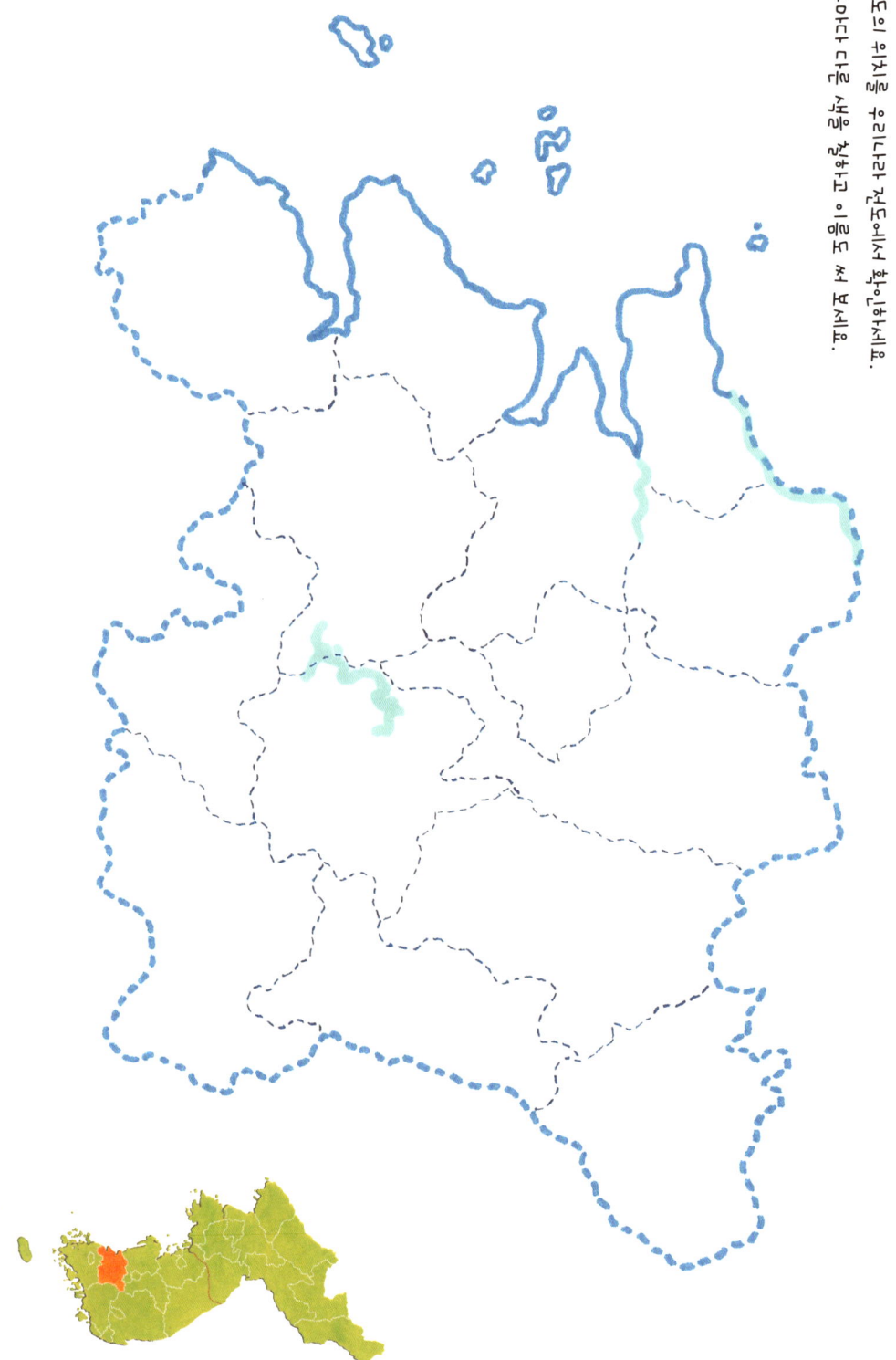

경상남도를 그려 보아요

● 점선을 따라 경상남도 지도를 완성하세요.
● 경상남도의 위치를 우리나라 전도에서 확인하세요.
● 울산광역시와 부산광역시에는 빗금을 그어 보세요.
● 각 시군마다 다른 색을 칠하고 이름도 써 보세요.

경상북도를 그려 보아요

- 점선을 따라 경상북도 지도를 완성하세요.
- 경상북도의 위치를 우리나라 전도에서 확인하세요.
- 대구광역시에는 빗금을 그어 보세요.
- 각 시군마다 다른 색을 칠하고 이름도 써 보세요.

제주도를 그려요

- 점선을 따라 제주도 지도를 완성하세요.
- 제주도의 위치를 우리나라 전도에서 찾아보세요.

북한을 그려 보아요

- 점선을 따라 북한 지도를 완성하세요.
- 평양직할시, 나선특별시, 남포특급시를 표시하세요.
- 각 도마다 다른 색을 칠하고 이름도 써 보세요.

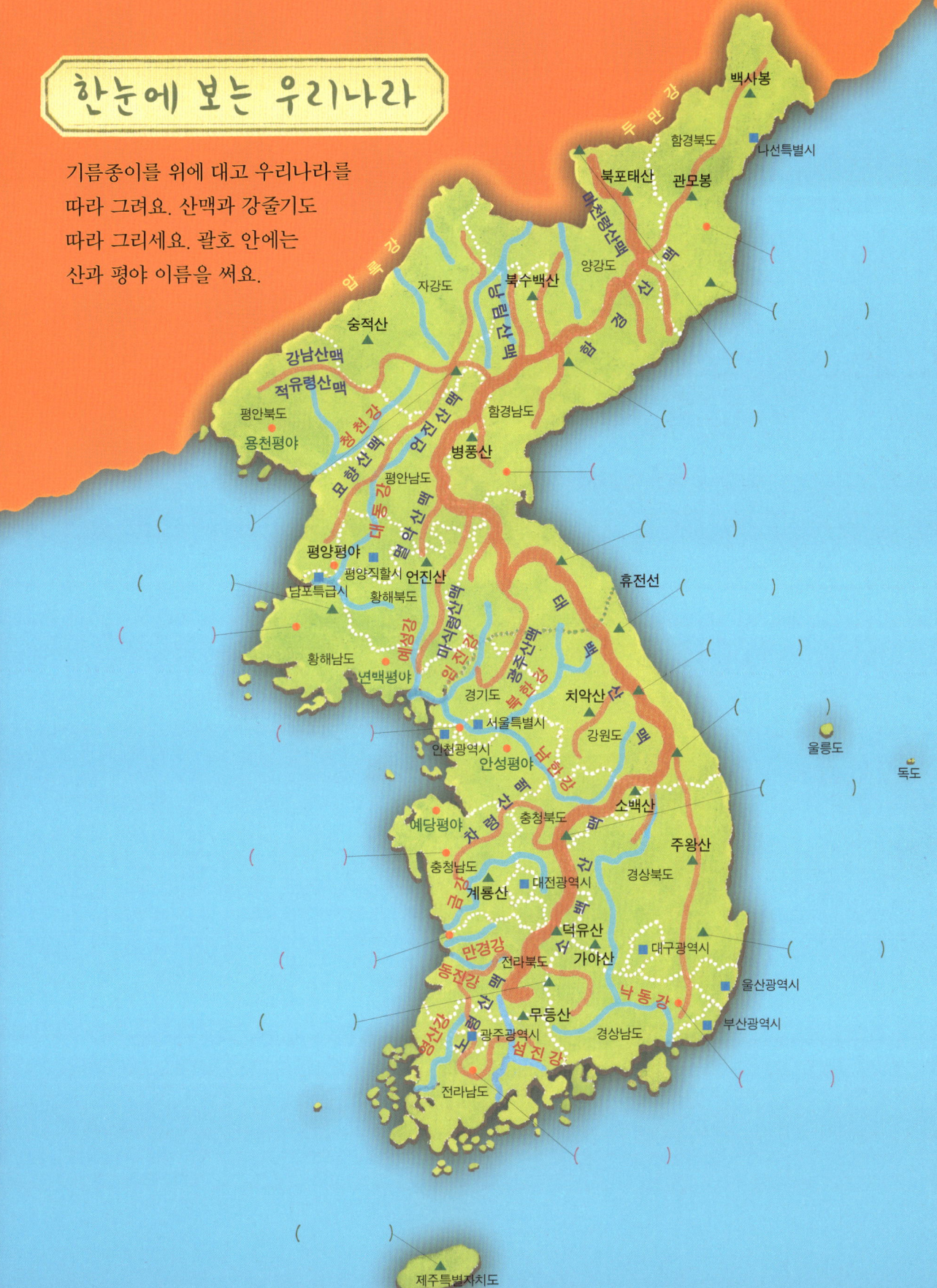

지도를 갖고 놀아 봐!
초등 지리가 머릿속에 쏙 들어올 거야

신나는 여름 방학. 희원이와 윤재는 기관사였던 할아버지와 함께 기차를 타고 전국 일주를 하기로 했어요. 야호! 교과서에 나오는 장소들을 직접 가 보면 얼마나 신기할까요? 희원이와 윤재의 여행 이야기를 들으며 지도를 따라 그리고 색칠하고 스티커도 붙여 보세요. 외우지 않아도 우리나라에 대해 잘 알게 될 거예요.

지리는 우리가 살고 있는 땅 위의 모든 것을 다룹니다. 지도 한 장 속에는 온 세상이 오롯이 들어 있지요. 초등 지리에서 가장 중요한 것은 자기가 살고 있는 땅에 애정을 가지는 일일 겁니다. '손으로 쓰면 기적이 이루어진다'라는 말이 있습니다. 손으로 지도를 그리며 지도와 가깝게 지내고 지도가 하는 이야기에 귀 기울여 본 어린이는, 세상 모든 일에 흥미를 보이며 열정을 갖고 자기 길을 개척해 나갈 겁니다. 이것이 바로 지리 학습의 궁극적인 목표가 아닐까요?
이 책을 읽은 아이들이 지도와 우리나라에 대해 더 많이 알고 나라 사랑하는 마음을 키우기 바랍니다.

— **류재명**(서울대학교 지리교육과 교수)

- 새로 개정된 초등 사회 교과서를 충실하게 반영했어요.
- 잘 찢어지지 않는 투명한 종이 위에 마음껏 지도를 따라 그릴 수 있어요.
- 지도를 직접 그리고 색칠해 볼 수 있어요.
- 세계 유산과 특산물, 축제가 부록 스티커로 들어 있어요.
  지도 위에 콕! 붙여 주세요.

값 20,000원

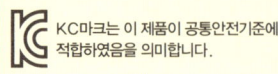

ISBN 978-89-6496-022-6